AF397060

# MÉMOIRES

## ET

## OBSERVATIONS

### DE MÉDECINE ET DE CHIRURGIE

#### PRATIQUES,

PAR

## J. L. ARONSSOHN,

DOCTEUR-MÉDECIN, AGRÉGÉ EN EXERCICE PRÈS LA FACULTÉ DE MÉDECINE DE
STRASBOURG, MEMBRE DU CONSEIL DE SALUBRITÉ POUR LE DÉPARTEMENT DU
BAS-RHIN, ET DE PLUSIEURS SOCIÉTÉS SAVANTES.

*Breve enim et efficax per exempla iter est.*
( KLEINII *Interp. clinic., in præfat.*)

## PREMIER FASCICULE.

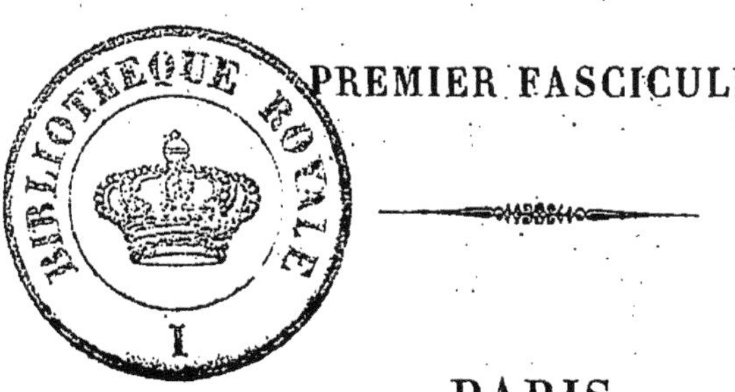


## PARIS,

CHEZ F. G. LEVRAULT, LIBRAIRE, RUE DE LA HARPE, 81.

## STRASBOURG,

MÊME LIBRAIRIE, RUE DES JUIFS, 33.

### 1836.

( 1 )

STRASBOURG, IMPRIMERIE DE G SILBERMANN

# AVANT-PROPOS.

———•———

Le médecin qui veut concilier les devoirs d'une pratique étendue avec le désir de se tenir au courant des progrès de la science, peut difficilement attacher son nom à de grandes et importantes publications. Aussi ne voit-on que de loin en loin apparaître des hommes tels que Sydenham, Fréd. Hoffmann, P. Franck, qui soient à la fois praticiens et écrivains distingués.

Sans vouloir me comparer à de si grands maîtres, je dirai qu'en sortant des hôpitaux où pendant quinze années je m'étais livré à des études à la fois médicales et chirurgicales, les exigences d'une nombreuse clientelle m'ont à peine laissé le temps de noter les faits et les résultats que m'apportait une expérimentation toujours croissante.

Profitant aujourd'hui d'un loisir forcé, je me suis occupé à trier et à coordonner ces matériaux épars. Le choix que j'en ai fait repose uniquement sur le degré d'utilité que j'ai cru leur reconnaître, n'ayant d'autre but que de faire servir au soulagement de l'humanité une expérience acquise en observant les maux qui l'affligent.

Je ne m'astreindrai pas, dans cette publication, à un ordre suivi, les matières qui en sont l'objet n'ayant point de lien obligé entre elles; mémoires ou simples faits, chaque pièce fera un tout par elle-même; je les réunirai en fascicules qui paraîtront à des intervalles indéterminés.

La médecine spéculative restera étrangère à ces opuscules, dont la tendance est toute pratique. On n'y rencontrera par conséquent point de discussions théoriques; mais un fait me paraît-il important par sa rareté, ou capable d'éclairer un point encore obscur ou contesté de la pathologie ou de la thérapeutique, je l'entoure des autres faits que possède la science pour en tirer des règles profitables à l'art.

Je dirai enfin avec l'auteur à qui j'ai déjà emprunté mon épigraphe: *Nota sunt ex lectione studiosâ, ex observatione asperâ, indefessâ, fidelique, atque rei facto prodiere quæ habeo, dico, publico.*

# MÉMOIRE

SUR

# L'INTRODUCTION DES VERS

## DANS LES VOIES AÉRIENNES[1].

La présence accidentelle de *l'ascaride lombricoïde* dans les voies aériennes est une cause de mort sur laquelle jusqu'à présent l'attention des médecins n'a encore été que très-peu fixée ; cela vient sans doute de l'extrême rareté de ce genre d'accident. En effet, lorsque pour la première fois, en 1822, il s'offrit à moi, je ne pus trouver de cas analogue dans les auteurs, si ce n'est celui que rapporte sommairement HALLER. Je crois donc qu'il ne sera pas sans intérêt de réunir le petit nombre d'observations que la science possède sur ce sujet, en y joignant celles qui me sont propres, et quelques réflexions d'une utilité pratique que ce grave accident m'a suggérées.

*Observ.* 1re. L'illustre physiologiste que je viens de nom-

[1] Extrait des *Archives générales de Médecine*, janvier 1836.

mer, la rapporte en ces termes : « Denique inter rariores
« mortis causas fuisse puto quam in puella decenni vidi.
« Eam reperimus cum omnibus visceribus sanissimis, unice
« verminosam, et fauces atque os lumbricis plenum, duo
« vero omnino de tereti genere vermes in aspera arteria,
« ad cordis sedem; inque principio pulmonis reperti sunt,
« manifesti suffocationis autores. » (*Opuscula pathologica;*
in-8°. Lausannæ, 1768; p. 26, observ. X.)

Le fait que j'ai recueilli en 1822, et que je m'étais con-
tenté d'enregistrer, après avoir déposé la pièce anatomique
au musée de la Faculté (n° 534 *a*), est le suivant :

*Observ.* 2°. Barbe Raquet, petite fille bien constituée,
âgée de neuf ans, fut mordue par un chien le 13 novembre 1822. La morsure consistait dans une dilacération de
l'angle de la bouche au côté droit, de plus d'un demi-
pouce d'étendue.

Le lendemain, on vint réclamer des secours à l'hôpital;
alors la plaie, dont les bords étaient inégaux, fut réunie
par un point de suture. Il survint de la suppuration, et la
cicatrisation ne fut complète que le dix-huitième jour.

Aucun symptôme alarmant ne s'était manifesté, et l'enfant continuait à jouir d'une très-bonne santé, lorsque, le
30 décembre (quarante-sixième jour après la morsure),
se rendant à l'école, à deux heures après midi, il lui survint subitement de la gêne dans la respiration; l'on at-
tribua cette indisposition à un vent assez violent, contre
lequel l'enfant avait été obligée de marcher. De retour à
quatre heures, elle demanda à se mettre au lit, et refusa

toute nourriture, se plaignant beaucoup de la difficulté qu'elle éprouvait à respirer.

La dyspnée augmenta pendant la nuit; la petite malade ne pouvait rester couchée, et grinçait souvent les dents.

*Deuxième jour.* Il se joignit à l'état précédent de fortes sueurs, résultat de l'agitation continuelle que la malade ne pouvait maîtriser, bien qu'elle jouît de toute sa présence d'esprit. Ce n'était qu'à force d'instances et à de longs intervalles qu'on parvenait à lui faire avaler une cuillerée d'infusion de valériane. Ce remède avait été prescrit par un médecin qui regardait ces symptômes comme hydrophobiques. Il y avait en outre suppression des urines. À une heure après minuit, l'enfant prédit sa fin prochaine, et fit ses adieux à ses parens. Plus tard, elle fut prise de vomissemens d'un liquide jaunâtre.

*Troisième jour.* À six heures du matin, il survint des crachottemens continuels; l'enfant rapportait tout son mal à la partie antérieure et moyenne de la poitrine. À une heure après midi, ayant témoigné le désir de boire, on lui présenta un verre d'eau sucrée, qu'elle vida avec avidité et par petites portions. Aussitôt après, elle vomit le liquide, et se dit soulagée. Bientôt elle redemanda des alimens, qu'elle rejeta immédiatement; puis il survint un tremblement général dans les membres, suivi de convulsions et de trismus. Enfin, à une heure et demie, la mort termina cette scène de désolation, et cette enfant qui, quarante-sept heures auparavant, paraissait pleine de santé, périt au milieu des plus terribles angoisses.

1 *

Ces renseignemens m'ont été transmis par le médecin qui a traité cette malheureuse petite fille, et par les personnes qui l'ont soignée.

Comme un autre enfant avait été mordu par le même chien en même temps que la petite fille, je parvins à faire sentir aux parens combien il était important de rechercher la cause réelle d'une mort attribuée à l'hydrophobie. Ils consentirent donc à l'autopsie du cadavre, et je priai le docteur EHRMANN (professeur actuel d'anatomie) de m'assister.

Quarante-huit heures après la mort, nous fîmes l'examen du cadavre avec la plus scrupuleuse attention, sans pouvoir rien découvrir d'anormal, si ce n'est la présence de 37 strongles (*ascaris lumbricoïdes*), dont l'un d'environ 5 pouces de longueur, se trouvait engagé en partie dans la trachée-artère et en partie dans la bronche droite, dont la muqueuse était injectée et recouverte de mucosités rougeâtres. L'estomac contenait 2 de ces vers, le duodénum 8 et le jéjunum 26.

Il est encore à remarquer que les circonstances dans lesquelles la morsure a eu lieu semblent prouver que le chien n'était pas atteint de rage; d'ailleurs l'autre enfant continua à jouir constamment d'une bonne santé, bien qu'on eût négligé de prendre des précautions pour le préserver de cette terrible maladie.

Douze années plus tard, je lus dans un ouvrage que venait de publier M. Blandin, les lignes suivantes :

*Observ.* 3ᵉ. « Étant interne à l'hôpital des Enfans, j'ai recueilli l'observation d'un petit malheureux, qui fut étouffé par un énorme ver ascaride lombricoïde, qui était remonté de l'estomac, et s'était placé dans la trachée-artère et dans la bronche droite. » (*Traité d'anatomie topographique;* 2ᵉ édition, 1834; p. 199.)

Il est à regretter que ce chirurgien distingué n'ait fait pour ainsi dire que mentionner ce cas, sans indiquer quels symptômes il a observés du vivant de l'enfant, et quelles traces la présence de cet entozoaire a pu laisser après la mort dans le tube aérien.

Un fait analogue a encore été observé, à Paris, à l'hôpital des Enfans, au commencement de 1835. Dans ce dernier cas, à la vérité, le ver n'a pas été trouvé dans les voies aériennes, mais il s'est rencontré, encore vivant, dans le pharynx. Voici l'observation telle qu'elle est rapportée dans le *Bulletin général de thérapeutique,* t. VIII, p. 32 :

*Observ.* 4ᵉ. « Une jeune enfant de neuf ans, rachitique, d'un embonpoint considérable, fut prise des prodromes de la rougeole, pendant qu'un de ses frères était convalescent de cette maladie. Elle éprouvait, depuis deux jours, de la toux, des éternuemens, des nausées, des vomissemens, de la fièvre et une vive anxiété précordiale, lorsqu'elle a été transportée à l'hôpital des Enfans.

« Arrivée à midi, elle offrait une teinte violacée de la face et des lèvres, une anxiété extrême, une gêne très-grande de la respiration; elle accusait une vive douleur de gorge, portait la main à la partie antérieure du cou comme pour en arracher l'obstacle qui s'opposait au passage de l'air. L'exploration de la gorge ne fit rien reconnaître d'anormal ; la toux et la voix n'étaient point croupales, cependant la suffocation était imminente.

« L'interne de garde fait appliquer immédiatement huit sangsues sur les parties latérales du larynx. Pendant cette application, l'anxiété et l'agitation augmentent, la respiration est haute, costale, saccadée, inégale ; la malade fait de vains efforts de toux, comme pour expulser un corps étranger retenu dans les voies aériennes, se plaint toujours de douleur de gorge ; l'asphyxie devient imminente. L'interne se décide à ouvrir la veine ; mais à peine s'est-il écoulé une once de sang, que la malade succombe. C'était environ deux heures après son entrée à l'hôpital.

« Le lendemain, l'on procède à l'ouverture du cadavre. La muqueuse du larynx et de la trachée présentent une teinte d'un ton pâle, ainsi que celles des bronches. La glotte, l'épiglotte et les différens replis muqueux sont exempts d'altération ; les ganglions bronchiques ne sont ni hypertrophiés, ni tuberculeux.

« Les plèvres ne sont le siége d'aucun épanchement ; les poumons ne présentent aucune lésion.

« Le péricarde et le cœur sont dans l'état normal.

« L'estomac contient une petite quantité de liquide, exhalant une odeur acide ; la muqueuse présente un pointillé rouge assez vif, mais sa consistance est normale. La membrane muqueuse intestinale est généralement pâle ; *vingt vers lombrics* sont contenus dans l'intestin.

« Le cerveau et les enveloppes n'offrent rien d'anormal.

« L'on était dans l'impossibilité d'expliquer la mort par les lésions observées, lorsque, pour n'omettre aucun organe dans les recherches minutieuses auxquelles on se livrait, l'on procède à l'examen du pharynx et de l'œsophage. A peine a-t-on porté le scalpel sur le premier de ces deux organes, qu'un ver lombric, d'environ 6 pouces de longueur, encore vivant, s'échappe par l'ouverture supérieure de l'œsophage. »

On ne saurait douter que tous les accidens qui se sont succédés si rapidement chez cette jeune enfant, et qui ont été promptement suivis de mort, ne fussent dus à l'introduction du ver dans le larynx, qu'il aura quitté dans les vingt-quatre heures qui ont précédé l'ouverture du corps, pour se loger dans le pharynx, où il a été trouvé encore en vie.

On pourrait à la vérité objecter que la muqueuse du larynx, de la trachée, ainsi que celle des bronches, ayant offert une teinte d'un ton pâle, rien ne prouve que le ver trouvé dans le pharynx ait réellement pénétré dans l'intérieur de ces organes; mais cela devient infiniment probable, si l'on considère que ce séjour a dû être très-court, la mort étant survenue peu d'heures après l'explosion des accidens; et que par conséquent il n'a pu s'établir d'autre lésion qu'un état hyperémique, qui se sera dissipé par l'effet même de la mort.

L'accident qui nous occupe n'a pas toujours une issue aussi funeste, comme le prouve le fait que je vais rapporter :

*Observ.* 5ᵉ. Mˡˡᵉ PHILIPPINE L...., âgée de huit ans, jouissait de la meilleure santé, lorsque tout à coup, sans cause connue, elle fut prise d'une toux, qui, en peu d'instans, devint très-forte, et continua d'augmenter, en s'accompagnant de suffocation, malgré tout ce qu'on put faire pour la calmer. Cet état d'angoisse durait depuis deux heures, et déjà des convulsions commençaient à s'y joindre, lorsqu'à la suite de grands efforts, la malade rendit un strongle vivant. Aussitôt la toux cessa complètement.

Il ne peut y avoir ici de doute sur la cause de cette toux violente, avec imminence de suffocation : aussi l'effet cessa dès que la cause toute matérielle fut expulsée des voies aériennes.

Jusqu'à présent je n'ai eu qu'à signaler des cas survenus chez de jeunes sujets ; je vais terminer cette exposition de faits par l'histoire d'un accident semblable, devenu mortel chez un homme déjà avancé en âge.

*Observ.* 6ᵉ. GEORGE SCHWING, cultivateur, âgé de cinquante-deux ans, ancien militaire, ayant reçu plusieurs blessures, maigre, d'ailleurs bien constitué, demeurant dans un lieu humide près de Strasbourg, jouissait d'une assez bonne santé, à l'exception d'une dyspnée qui était devenue habituelle. L'automne dernier, toute sa famille fut atteinte de la miliaire. Épuisé par les soins qu'il avait donnés aux siens, et couchant d'ailleurs dans la même chambre, il ne tarda pas à ressentir lui-même les symptômes précurseurs de cette maladie[1]. Il réclama alors les

[1] La miliaire est une maladie endémique dans plusieurs parties

soins de M. le docteur Hæring, médecin cantonal très-éclairé, qui a bien voulu me communiquer les détails qu'on va lire :

Le 26 octobre, ce médecin trouva le malade dans l'état suivant : Prostration extrême des forces, avec douleurs et engourdissement des membres ; alternatives fréquentes de froid et de chaud ; langue chargée, anorexie, sécheresse de la bouche ; céphalalgie ; soif très-grande, et surtout dyspnée. (Limonade légèrement émétisée ; sinapismes volans.)

*Deuxième jour.* Nuit très-agitée ; sueur abondante et fétide ; dyspnée plus forte ; incontinence d'urine ; soif inextinguible ; constipation. La limonade émétisée n'avait pas été prise. (Saignée du bras, de 12 à 16 onces ; huile de ricin, 2 onces.)

*Deux heures de l'après-midi.* Cinq selles ; diminution considérable de la dyspnée après la saignée ; dont le sang ne présente rien de remarquable.

*Le soir.* La dyspnée augmente de nouveau ; chaleur et pouls fébriles.

*Troisième jour.* Pendant la nuit, anxiété, pesanteur de tête, vertiges, bourdonnement d'oreilles ; symptômes qui

de l'Alsace ; et se présente souvent avec le caractère contagieux ; nous en trouvons un exemple dans cette malheureuse famille : non-seulement tous les membres en furent atteints, mais encore quatre personnes qui vinrent les visiter. Je renvoie au reste à l'excellent travail de M. le docteur Maugin sur ce sujet important. (*Essai historique et pratique sur la Miliaire ;* dissertation présentée à la Faculté de médecine de Strasbourg, 1834.)

subsistent encore le matin. (Douze sangsues derrière les oreilles, frictions à la base de la poitrine avec l'onguent mercuriel stibié; vésicatoires aux mollets; lavemens et quelques grains de calomel.)

Pendant la journée, légère amélioration; la nuit, exacerbation de tous les symptômes.

*Quatrième jour.* Éruption pustuleuse à la région épigastrique; tête plus libre; urine rouge et en petite quantité; sueur abondante; persistance de la dyspnée. (Le calomel est continué à doses graduellement augmentées.)

*Cinquième jour.* Pendant la nuit, la dyspnée a encore augmenté, la soif a été très-grande; il est survenu de la diarrhée et de l'incontinence d'urine, tandis que les sueurs ont cessé. Dans la matinée, accès très-intenses de dyspnée, agitation continuelle; plusieurs personnes ont de la peine à retenir le malade dans son lit. (Potion calmante.)

Le soir, le malade est plus tranquille; mais, plus tard, la dyspnée s'aggrave de nouveau de la manière la plus alarmante.

*Sixième jour.* Agitation continuelle; à plusieurs reprises suffocation imminente; pendant la journée, difficulté extrême de la respiration, qui devient sifflante; déglutition pénible. Le malade ne perd pas connaissance, il se fait comprendre par geste ne pouvant plus parler; il indique sans cesse la partie supérieure du sternum comme le siége principal de ses souffrances. Vers deux heures, la région épigastrique se tuméfie considérablement; la dyspnée croît de nouveau jusqu'à la suffocation, et le malade meurt subitement à quatre heures du soir, au moment où l'on se disposait à lui donner un vomitif.

*Autopsie cadavérique*, faite quarante deux heures après la mort : Habitus extérieur ne présentant rien de remarquable; nulle trace de l'exanthème miliaire; tous les viscères thoraciques et abdominaux à l'état normal; la rate seule un peu plus volumineuse. Déjà M. le docteur HÆRING était disposé à attribuer cette mort subite, sans lésion cadavérique, à une paralysie des nerfs pneumo-gastriques, due au principe miliaire, lorsqu'il lui vint à l'idée d'inciser le larynx et la trachée-artère. Dans cette opération exécutée avec des ciseaux, il coupa en deux un lombric qui s'était logé en travers sur la bifurcation des bronches; la membrane muqueuse était injectée dans cet endroit, et offrait en un point une érosion superficielle. Le lieu où était placé le ver, correspondait exactement à celui auquel le malade rapportait la douleur et le sentiment de constriction.

Les symptômes que présentait SCHWING, dans les derniers momens de son existence, étaient évidemment produits par la présence du strongle dans le tube aérien. L'érosion, avec injection vasculaire de la muqueuse (qui a persisté quarante-deux heures après la mort), dans l'endroit même où s'est rencontré le ver, ne laisse aucun doute non plus sur son introduction durant la vie; mais ce qu'il est difficile de déterminer, c'est le moment où l'entozoaire a passé des voies de la digestion dans celles de la respiration. Cette difficulté tient à ce que le malade était depuis long-temps asthmatique et se trouvait en dernier lieu atteint d'une affection offrant, pour symptôme principal, un trouble marqué dans la respiration. Il paraît toutefois que l'accident a eu lieu le cinquième jour, car, dès-lors, les symptômes ont pris un caractère de gravité qu'ils n'avaient point précédemment, et le lendemain, le malade privé de la parole, désigne lui-même le siége de son mal.

Quoique le nombre de faits parvenus à ma connaissance ne se monte qu'à six, dont la moitié m'est propre, je ne doute pas qu'un pareil phénomène ne se soit plus fréquemment reproduit; et si jusqu'à présent il a presque toujours passé inaperçu, je pense qu'il suffira de le signaler à l'attention des médecins pour désormais le voir constaté par des observations plus multipliées; toutefois, m'emparant des faits connus, j'essaierai d'en tirer dès aujourd'hui des inductions qui, j'espère, ne seront pas sans quelque utilité pour le médecin praticien.

Nous voyons d'abord que sur six cas, l'accident est arrivé cinq fois chez des enfans de huit à neuf ans, parmi lesquels il y avait quatre filles; cette espèce de prédilection pour la première enfance et pour le sexe féminin, tient évidemment à la prédominance lymphatique, favorisée par cette double circonstance; disposition si étroitement liée, comme on le sait, avec ce qu'on a appelé diathèse vermineuse.

D'autre part, l'observation 6° prouve qu'à un âge déjà avancé (cinquante-deux ans) l'introduction des vers dans les voies aériennes peut avoir lieu et provoquer des accidens mortels; mais cette cause ne deviendra supposable ici qu'autant que le sujet, comme dans l'observation précitée, se trouvera dans des circonstances favorables au développement des vers. C'est ainsi que nous avons vu ce pauvre père de famille, déjà très-valétudinaire, en proie au chagrin et réduit à une nourriture insuffisante et malsaine.

Les symptômes qui peuvent faire reconnaître cet accident, différent selon que le ver se trouve dans le larynx ou dans la trachée-artère, vers la bifurcation de laquelle il doit parvenir tout d'abord. Dans le premier cas, il y aura, comme dans les observations 4ᵉ et 5ᵉ, de forts accès de toux, avec imminence de suffocation, et mort par asphyxie (observ. 4ᵉ), si le ver ne se dégage pas de la glotte. Les malades portent sans cesse la main vers cet organe, comme pour en arracher l'hôte incommode qui s'y débat. Celui-ci est-il déjà parvenu dans la trachée, la toux sera moins intense; il y aura plutôt de la dyspnée, de l'orthopnée par accès, avec grande agitation, vomissemens, incontinence d'urine (observations 2ᵉ et 6ᵉ); la mort dans ce cas est précédée de convulsions (observation 2ᵉ), ou bien a lieu subitement (observation 6ᵉ), comme si le poumon, fatigué d'une lutte incessante, se trouvait tout à coup privé de toute innervation.

Je ne m'arrêterai pas à établir le diagnostic différentiel qui fera distinguer les symptômes dus à l'accident qui nous occupe d'avec ceux du croup, de l'asthme de Millar, et de l'œdème de la glotte; tout médecin pourra le déduire de la comparaison des phénomènes mentionnés avec ceux de ces maladies. Un signe précieux sera l'indication donnée par le malade lui-même, d'un obstacle local et fixe qui l'empêche de respirer librement; indication qui s'est rencontrée dans la moitié des cas que je viens de rapporter. (Observations 2ᵉ, 4ᵉ et 6ᵉ.)

Les moyens à employer seront :

1° De porter aussitôt le doigt vers la glotte pour en retirer le ver, si on reconnaît sa présence;

2° Cette manœuvre est-elle infructueuse, on imitera ce que la nature a pratiqué avec tant de succès dans l'observation 5ᵉ : on fera faire des efforts d'expiration. Si cela ne réussit pas, on titillera la luette pour exciter le vomissement, et, au besoin, on aura recours à un vomitif à effet prompt.

3° Enfin, dans l'insuffisance de ces moyens, quand tous les signes se réuniront pour faire croire à la présence d'un ver dans la trachée ou dans le larynx, on se décidera à faire la trachéotomie.

# OBSERVATIONS

## ET

## CONSIDÉRATIONS PRATIQUES

### SUR QUELQUES POINTS

## DE L'HISTOIRE DES HERNIES[1].

On a lieu de s'étonner que malgré la sûreté des moyens que nous possédons pour contenir les hernies, on rencontre encore fréquemment des cas où leur étranglement compromet la vie.

Les chirurgiens modernes se sont efforcés de donner une précision presque mathématique à l'opération que réclame ce genre d'accident, et cependant nous voyons trop souvent encore l'opérateur arrêté par des difficultés qu'il n'avait pu prévoir, et le succès de l'opération incertain, si elle n'est pratiquée par des mains très-expérimentées.

[1] Extrait des *Archives médicales de Strasbourg*, n° 11 et 12.

Cela tient à ce que les hernies présentent fréquemment des particularités qui se jouent des règles générales; quelque variées qu'elles soient, le chirurgien doit savoir les apprécier sur-le-champ, et il ne peut arriver à cette connaissance que par l'étude des cas individuels. En effet, ici il ne suffit pas d'avoir calculé d'avance tous les changemens de rapports possibles, mais il faut encore connaître les changemens très-variables qu'ont pu imprimer aux parties déplacées un travail inflammatoire tant aigu que chronique.

Envisagées sous ce point de vue, les observations particulières sont d'une utilité incontestable. Celles que nous allons rapporter offriront, je pense, quelque intérêt, parce que d'une part elles signalent des complications rares, et de l'autre viennent sanctionner l'importance de certains préceptes, parfois trop négligés.

On avancerait bien davantage la science, et l'on ferait souvent une chose beaucoup plus utile pour l'humanité en mettant au jour les cas d'insuccès, au lieu de publier avec emphase des cas de guérison. Les faits qui suivent ont la plupart ce genre de mérite; ils ont été choisis parmi un grand nombre recueillis à une époque déjà loin de moi, et où je me livrais exclusivement à des études chirurgicales. S'ils ne prouvent pas toujours en faveur des lumières d'opérateurs, dont j'ai dû taire les noms, quoiqu'ils n'existent plus, je pense du moins qu'on peut en déduire d'utiles leçons; c'est dans ce seul but que je les livre au public, en m'appliquant à décrire avec exactitude ce que j'ai vu.

## I.

*Hernies étranglées avec adhérence, soit au sac périto-
néal, soit à l'épiploon dégénéré et formant sac.*

Les adhérences dont il s'agit dans ce chapitre forment
une complication très-grave qui peut devenir embarras-
sante pour l'opérateur. Déterminer la conduite qu'il aura
à tenir dans ces cas est donc un point important que les
faits suivans pourront contribuer à éclaircir :

*Observation.* Catherine Mick, âgée de cinquante-neuf
ans, ayant eu quatre enfans, d'une constitution détériorée
par les privations inséparables de l'indigence, réclama,
le 6 mars 18.., les soins de l'art pour une hernie crurale
gauche, qu'elle portait depuis long-temps sans la contenir et qui s'était étranglée depuis six jours. Il y avait inflammation aux tégumens, qui recouvraient la tumeur ;
pouls faible et accéléré, vomituritions, coliques, borborygmes, tension du ventre et constipation. (Décoction
de tamarins en boisson et en lavement ; bain prolongé,
infusion de camomille pour fomenter tout le bas-ventre,
et embrocations huileuses.)

Le lendemain matin, après un bain, dans lequel le taxis
fut infructueux, ces accidens persistant, et la prostration
des forces étant extrême, l'opération fut décidée et faite
par M. X. La peau et le tissu cellulaire incisés, présen-

tèrent beaucoup d'épaississement; ce dernier était impré-
gné d'une lymphe coagulée : le sac herniaire, très-tendu,
adhérait légèrement, par sa surface externe, aux parties
environnantes; l'anneau crural se trouvait tellement libre,
qu'on pouvait facilement s'assurer que l'intestin était
étranglé au-delà par le col du sac; ouvert avec beaucoup
de précaution, ce dernier se montra, dans presque toute
son étendue, uni à l'intestin par des adhérences d'autant
plus fortes qu'elles étaient plus rapprochées du col. Celles
du fond furent détruites avec le doigt; d'autres, placées
plus haut et de forme filamenteuse, le furent avec des ciseaux: Pour débrider le col du sac et détruire toutes les
adhérences, il fallut d'abord agrandir l'anneau crural qui
se trouvait placé en deçà. Le ligament de Gimbernat fut
en conséquence coupé transversalement jusqu'au pubis,
ce qui donna assez d'espace pour agir librement. L'intestin ne présentant point d'altération, fut réduit. Après
avoir pansé la malade et l'avoir replacée dans son lit, on
lui donna un lavement émollient, qui produisit trois selles
copieuses, à la suite desquelles la tension du ventre et les
coliques diminuèrent; la soif resta toutefois grande et le
pouls faible. (Décoction de guimauve pour boisson; infusion de camomille pour fomenter l'abdomen.) Vers minuit,
coliques plus fortes, soulagées de nouveau par une selle
obtenue au moyen d'un lavement émollient.

Le 8 (deuxième jour après l'opération). Un peu de
sommeil dans la nuit; pouls petit et lent; ventre tuméfié,
mais presque point douloureux; soif intense. (Limonade;

potion faite avec de l'huile d'amandes douces et du sirop ; bouillon.) Trois selles dans la journée ; la soif diminue.

Le 9 ( troisième jour ). Un peu de sommeil ; ventre moins tuméfié et presque sans douleurs ; pouls faible ; toux. ( Décoction émolliente, julep pectoral, bouillon.)

Le 10 (quatrième jour). Dans la journée d'hier et dans la nuit dernière, huit selles liquides avec tranchées ; ventre plus douloureux ; pouls petit et très-faible ; soif. (Eau de riz, julep pectoral laudanisé ; cataplasme émollient, arrosé de teinture d'opium, appliqué sur le ventre ; bouillon avec un jaune d'œuf.) Le soir, toux plus forte ; ventre non douloureux ; même à la pression ; le pouls se relève, et la plaie fournit un fluide d'un jaune grisâtre qui perce l'appareil.

Le 11 ( cinquième jour ). Au pansement du matin, la plaie présente un aspect livide ; le sac herniaire est frappé de gangrène ; écoulement d'un fluide très-fétide, qui perce continuellement l'appareil dans la journée et surtout immédiatement après que la malade a bu. (Même boisson et même alimentation.) Dans la journée, cinq selles liquides, ressemblant à ce qui s'échappe de la plaie, par laquelle sortent des bulles d'air quand la malade fait des efforts pour tousser ; le doigt, introduit dans l'anneau crural, ramène une matière fluide, semblable aux déjections alvines, d'une odeur stercorale ; pouls très-petit et lent ; toux continuelle, avec sentiment douloureux et pression à l'épigastre.

Le 12 ( sixième jour ). Dans la nuit, trois selles liquides brunâtres ; un peu de sommeil ; grande prostration de forcés; point de douleurs : l'appareil se trouve très-humecté, issue de matières fécales par la plaie; le ventre n'est ni tuméfié, ni douloureux. (Eau de riz; embrocation de teinture d'opium sur l'abdomen; bouillon, vin rouge.) Deux selles fluides dans la journée : la toux et la douleur oppressive à l'épigastre continuent.

Les deux jours suivans, même état avec fièvre légère sur le soir.

Le 15 (neuvième jour). Insomnie, occasionée par la toux violente et l'oppression épigastrique; du reste, point de changement. (Médication précédente; de plus, potion avec l'esprit de Minderer et infusion de fleurs de tilleul.) Une selle fluide dans la journée; sur le soir, chaleur suivie d'une forte transpiration; apparition de nombreuses pustules miliaires, cristalines sur toute la surface antérieure du tronc et principalement au ventre.

Le 22 (seizième jour). Les pustules miliaires se dessèchent; moiteur continuelle de la peau; chaleur sur le soir; chute d'une portion du sac gangrené. Depuis les six derniers jours, les selles sont restées liquides et fréquentes. (Eau de riz; le soir, dix gouttes de teinture d'opium; soupe.)

Le 30 (vingt-quatrième jour). Depuis quelques jours, les selles se régularisent; la digestion devient plus facile; la malade reprend des forces et se lève; la plaie fournit moins de pus et diminue d'étendue. (Compression légère et graduée, exercée sur la plaie au moyen d'un bandage herniaire; alimentation plus consistante et plus copieuse.)

Juin. A mesure que la plaie se rétrécit, et que la malade recouvre des forces, les selles reprennent leur voie naturelle; la plaie suinte encore légèrement jusqu'au commencement du mois de juillet, époque à laquelle la cicatrisation fut complète et la santé de la femme MICK entièrement rétablie.

*Réflexions.* Qui aurait pu prévoir la perforation de l'intestin quatre jours après une opération dans laquelle tout s'est passé d'après les règles établies par les maîtres de l'art? Les adhérences les plus molles ont été enlevées avec le doigt; celles qui étaient filamenteuses et membraneuses ont été détruites par les ciseaux, ainsi que l'enseigne SCARPA, et la réduction n'a été opérée qu'après s'être assuré de l'intégrité de l'intestin qui ne présentait aucun signe d'altération; le cours des matières fécales, suspendu pendant six jours, est rétabli aussitôt après l'opération, ce qui est toujours de l'augure le plus favorable; le lendemain, tout va bien, à l'exception du pouls qui reste faible; mais le troisième jour, ainsi que la nuit suivante, il y a de la toux et plusieurs selles liquides avec tranchées; le quatrième jour au matin, le ventre est douloureux et le pouls toujours petit. Le soir de ce même jour, la toux est plus forte, mais le ventre cesse d'être douloureux, et le liquide jaune qui baigne l'appareil, annonce que l'intestin est perforé. Quelle a été la cause de cet accident survenu d'une manière aussi inattendue? Elle tient évidemment à une inflammation devenue promptement gangréneuse sans s'accompagner de symptômes de réaction en raison de la débilité de l'organisme. La toux, qui s'était aggravée en même temps, aura hâté l'élimination du point sphacelé. Mais quelle part l'opération y a-t-elle eue, et aurait-on pu, en agissant différemment, éviter ces suites fâcheuses ?

L'illustre chirurgien de Pavie a établi une distinction éminemment pratique, en rangeant les adhérences que les parties herniées peuvent contracter entre elles ou avec le sac, en trois catégories : Les *gélatineuses*, les *filamenteuses* ou *membraneuses*, et les *charnues*. C'est en raison de ces différences, auxquelles il a assigné des caractères anatomiques bien distincts, qu'il a donné pour règle de détruire, avec un instrument mousse sans *entamure*, les adhérences de la première espèce ; d'inciser celles de la seconde, et de laisser intactes celles qui, formées par une cohésion plus profonde des parties, ne se présentent pas sous l'aspect de brides membraneuses ou filiformes. Comme règle générale, ces préceptes sont sans doute excellens ; mais il y a certes des circonstances qui exigent qu'on les modifie, au moins en ce qui concerne les adhérences membraneuses. En effet, si, comme dans l'observation qu'on vient de lire, la constitution du malade est déjà très-affaiblie, et si l'étranglement existe depuis plusieurs jours, on s'abstiendra de se servir de l'instrument tranchant, surtout pour détruire les adhérences situées près du col du sac, car elles y sont toujours plus rapprochées et moins extensibles. On se contentera alors de lever la cause de l'étranglement, et on laissera les parties en place.

A plus forte raison si l'intestin offrait un commencement d'altération, il ne faudrait pas hésiter de tenir cette conduite, qui a été couronnée d'un plein succès dans un cas très-grave que je vais rapporter.

Qu'il me soit encore permis de faire remarquer l'efficacité de la compression graduée, contre l'infirmité dégoûtante survenue après l'opération. Elle a été commencée au vingtième jour de la perforation, et au bout de trois mois de son emploi méthodique, aidée d'une alimentation substantielle, l'anus accidentel s'est trouvé complètement guéri. Plus tard, j'ai souvent eu l'occasion de visiter cette pauvre femme, en renouvelant le bandage herniaire qu'elle portait habituellement, et j'ai pu me convaincre de la persistance et de la solidité de la cicatrice.

*Observation.* Un cultivateur des environs de Strasbourg, âgé de soixante-quatre ans, d'une taille moyenne et d'une constitution détériorée, portait depuis long-temps une hernie inguinale droite, qu'il contenait imparfaitement par un mauvais bandage, lorsqu'il fut pris tout à coup de fortes coliques et de vomituritions, accompagnées de constipation et de tension du ventre. La hernie, qui avait augmenté de volume, ne se laissait plus réduire, et était devenue le siége de vives douleurs; cet état durait depuis six jours, quand on vint chercher du secours à la ville.

Je trouvai cet homme épuisé par la longue durée de ses souffrances; le pouls était très-petit et lent, et la tumeur herniaire très-dure et tellement sensible, qu'il fallut bientôt renoncer au taxis. L'opération seule présentait encore une chance de salut; elle fut entreprise de suite.

Après l'incision des tégumens, le sang jaillit à la lèvre externe de la plaie, par une petite artère, qui fut aussitôt liée. Le sac étant ouvert, il s'en échappa un peu de sérosité. Les parties qui faisaient hernie, se présentèrent alors sous la forme d'une tumeur dure et rénitente, avec fluctuation obscure dans son fond. Après avoir débridé l'anneau inguinal en haut et en dehors pour faire cesser l'étranglement, la partie de la tumeur qui offrait la fluctuation fut incisée avec ménagement : il en sortit près de deux onces de pus ; la poche, qui l'avait contenu, s'étendait jusqu'au milieu de la tumeur, et se trouvait séparée de l'autre portion par une cloison. La partie supérieure encore intacte, ne présentant point de fluctuation, fut ouverte avec d'autant plus de précaution ; elle contenait une anse d'intestin grêle, qui lui était fortement uni par des adhérences filamenteuses et membraneuses.

L'intestin était un peu gonflé et d'un aspect livide ; les parois de ce second sac, ainsi que la cloison qui le séparait en deux cavités, étaient épaisses de deux à trois lignes, d'une couleur foncée et d'une structure dense, en partie spongieuse et en partie fibreuse. La surface externe était lisse, et la surface interne raboteuse et inégale.

En pénétrant dans la cavité péritonéale, cette poche épaisse prenait l'aspect de l'épiploon, avec lequel elle paraissait se continuer, sans qu'on ait toutefois pu la tirer assez au dehors pour constater cette continuité. La partie inférieure en fut retranchée, sans toucher à celle qui était unie à l'intestin. Après avoir placé un linge huilé sur l'anse intestinale, le reste fut pansé très-mollement avec de la charpie fine. Le malade, qui avait supporté l'opération avec courage, se trouvait très-affaibli par la perte de sang qu'il venait d'éprouver. Il prit des restaurans, dont l'usage fut continué; la plaie fut fomentée avec de la décoction de guimauve.

Il survint une suppuration abondante qui détruisit le sac interne. L'intestin rentra peu à peu dans la cavité abdominale, et la plaie, dont la cicatrisation avait été retardée par des abcès qui s'étaient formés au scrotum, fut entièrement guérie au bout d'un mois. Cet homme, alors veuf, recouvra si bien la santé, qu'il se remaria, malgré son âge avancé.

*Réflexions.* Ce fait vient à l'appui du précepte que j'ai posé à la suite de l'observation p. 17, et, joint à d'autres que possède la science (RICHTER, SCARPA), milite en faveur de l'opinion de M. OLLIVIER, d'Angers. Cet auteur distingué se fondant avec raison sur le danger d'exercer sur des parties enflammées les attouchemens nécessaires à la réduction, veut que pour l'opérer, on attende, après avoir levé l'étranglement, que l'inflammation soit calmée. Je ferai seulement remarquer que la nature, tant soit peu aidée par l'art, s'acquitte admirablement du soin de cette réduction, qui, d'ailleurs, dans le plus grand nombre des cas deviendrait difficile pour le chirurgien, à cause des adhérences, fussent-elles même légères, que ne tarderaient pas à contracter les parties herniées.

Nous venons aussi de voir combien les ressources de

la nature sont grandes quand on sait bien en diriger les efforts. En effet, l'épiploon dégénéré et formant un sac à parois épaisses, avait été envahi par une inflammation qui s'était étendue à l'anse intestinale. Si dans cet état des choses on avait coupé les adhérences (de la seconde espèce établie par Scarpa) pour réduire l'intestin déjà altéré, sous le prétexte généralement admis, qu'il reviendrait plus facilement à l'état normal dans la cavité péritonéale, l'existence du malade aurait été gravement compromise. Si l'issue a été heureuse, c'est qu'après avoir débridé l'anneau qui était la cause de l'étranglement, on s'est borné aux topiques émolliens pour dissiper l'état inflammatoire de l'intestin et favoriser en même temps le dégorgement des parties de l'épiploon qui devaient suppurer. Les forces furent relevées et soutenues par des analeptiques et des toniques, afin que le malade, dont l'âge était très-avancé et la constitution très-affaiblie, pût faire les frais d'un travail d'une part résolutif, et de l'autre éliminatoire.

L'altération et la disposition qu'a présentées l'épiploon dans ce cas, offriraient de l'intérêt à être examinées sous le point de vue anatomico-pathologique; mais ce serait sortir de mon sujet, il me suffit de les avoir signalées à l'attention de l'opérateur.

## II.

*Danger de la temporisation dans l'étranglement de l'épiplocèle.*

On est d'accord sur la nécessité d'opérer de bonne heure l'entérocèle; mais l'on pense en général que lorsque la hernie est épiploïque, et que le cours des matières dans le tube digestif n'est pas interrompu, l'on peut différer davantage l'opération. Le fait suivant prouvera ce que cette conduite peut avoir de fâcheux résultats :

*Observation.* FRÉDÉRIC HAHN, cordonnier, âgé de cinquante ans., est atteint, depuis cinq jours, d'une hernie étranglée; avec douleurs abdominales et constipations. Le troisième jour, il était survenu des vomissemens qui durèrent toute la journée.

*Cinquième jour.* Tranchées et constipation; pouls un peu faible, sans autre altération. Tumeur de la grosseur du poing, sortant par l'anneau inguinal gauche, résistante, sans changement de couleur à la peau, peu douloureuse par elle-même, mais sensible à la pression. (Le matin, lavement de mauve, bain prolongé et cataplasme émollient.)

*Midi.* Comme il n'y a point de changement dans l'état du malade, la potion oléoso-saline de Richter est ordonnée; et peu après on administre un lavement laxatif.

*Soir.* Absence de fièvre; dans la journée, trois selles, qui n'ont point influé sur la tumeur; on continue à la couvrir de cataplasmes émolliens. (Un bain est ordonné pour le lendemain à cinq heures du matin.)

*Sixième jour.* Au sortir du bain, le malade est très-faible; la tumeur, d'un rouge vif, est très-douloureuse au toucher; il survient des vomissemens; le pouls est petit et accéléré. L'opération est résolue et exécutée dans la matinée.

Le sac, formé de plusieurs couches épaisses, contenait, outre une grande portion d'épiploon d'un rouge foncé, avec des vaisseaux sanguins très-apparens, un fluide limpide et des hydatides flottantes, légèrement fixées au sac par une pseudo-membrane qui se réfléchissait sur l'épiploon. Après avoir suffisamment débridé l'anneau inguinal, on parvint, non sans quelque peine, à réduire l'épiplocèle. Les bords de la plaie furent réunis par des bandelettes agglutinatives; peu après on administra un lavement émollient, qui fournit une selle peu abondante.

Dans la journée, ventre tuméfié et tendu vers la région épigastrique; partie inférieure du thorax fortement poussée en avant. (Fomentations émollientes, bouillon léger.)

*Deuxième jour après l'opération.* Dans la nuit, le malade vomit à l'instant tout ce qu'il prend; abdomen comme la veille, douloureux, mais seulement à la partie tuméfiée; pouls faible. (Potion huileuse avec laudanum, embrocations d'huile calmante; fomentations de fleurs de camomille; lavemens émolliens, rendus aussitôt sans produire

aucun effet.) Toutes les boissons sont rejetées, à l'exception d'un peu d'eau vineuse, et surtout quand elles sont
chaudes; épigastre toujours très-tendu et douloureux. Le
soir, on prescrit une potion gommeuse éthérée, que le
malade garde; on redonne un lavement, qui reste.

*Troisième jour.* Pendant la nuit, hoquet, sans vomissemens; le matin, langue rouge et humide; abdomen
comme hier; le malade demande avec instance une boisson
froide, qui lui est accordée. (Potion gommeuse éthérée,
qui est supportée.) Le soir, pouls faible et accéléré.

*Quatrième jour.* Le matin, langue rouge et sèche, soif,
pouls petit et très-accéléré; retour de la chaleur par tout
le corps; deux selles après un lavement. (Même potion,
et fomentations de mauve et de camomille.)

Depuis deux heures de l'après-midi, hoquet et vomissemens, qui cessent dans la nuit; vers le matin, deux
selles, suivies de sommeil.

*Cinquième jour.* Au matin, ventre moins tuméfié, épigastre moins tendu et moins douloureux, pouls presque
normal, langue rouge et aphteuse; dans la journée, vomissement; le soir, flux diarrhéique; ventre affaissé; pouls
très-petit et accéléré. (Même médication.)

*Sixième jour.* Dans la nuit, refroidissement des extrémités, vomissement vers le matin, ventre plus tendu,
augmentation du froid des membres, pouls extrêmement
faible; soif vive, avec appétence de boissons fraîches. Le
malade conserve sa présence d'esprit jusqu'à son dernier
soupir, qu'il rend à dix heures du matin.

*Examen cadavérique.* Bords de la plaie rapprochés et collés aux parties voisines; tube digestif généralement distendu par des gaz; gros intestins, sans altération bien manifeste de couleur, unis entre eux et avec le péritoine par une couche de lymphe coagulable; cavité péritonéale contenant une petite quantité d'un fluide brunâtre très-fétide; dans le petit bassin, ce fluide est puriforme; colon transverse, tiré en bas vers la région inguinale gauche; grand épiploon roulé sur lui-même, présentant une couleur grise-brunâtre, sans altération de consistance, mais répandant une odeur infecte.

*Réflexions.* A la lecture attentive de cette observation, on éprouve un sentiment de regret de ce que l'opération, au lieu d'être faite dans la matinée du sixième jour de l'étranglement, ne l'ait pas été au moins le cinquième au soir; mais le malade venait d'avoir plusieurs évacuations alvines; l'absence de vomissemens et de fièvre, le peu de douleur à la tumeur, qui ne présentait point au dehors des signes d'inflammation; tout, en un mot, devait faire espérer que le bain, donné le lendemain de très-bonne heure, favoriserait la réduction de l'épiplocèle; et en cas de non-réussite, restait toujours la ressource de l'opération. Il n'en fut pas ainsi, le délai d'une nuit devint fatal.

## III.

*Nécessité de tirer le col du sac au dehors après l'avoir
incisé, dans les cas où il cause l'étranglement.*

Dans tous les livres de chirurgie, on insiste sur la nécessité de tirer au dehors une portion d'intestin non her-
niée avant d'opérer la réduction; on recommande la même
précaution pour l'épiploon. L'observation que je vais rapporter montrera combien il importe d'en agir de même
pour le sac herniaire, surtout quand l'étranglement en
dépend.

*Observation.* MADELEINE KOHLER, âgée de trente-cinq
ans, bien constituée, d'une bonne santé, mère de plusieurs enfans, portait, depuis huit ans, dans l'aine droite,
une tumeur, qui avait insensiblement pris le volume d'un
œuf de poule, sans incommoder autrement que par la
gêne qu'elle occasionait dans la marche.

Au mois de mai 18.., il survint des vomissemens et
des coliques, qui se dissipèrent bientôt pour ne reparaître
qu'au 20 avril de l'année suivante. Dans cet intervalle, il
fut fait quelques frictions mercurielles, d'après le conseil
d'un officier de santé, qui avait pris cette tumeur pour
un engorgement glanduleux. On n'avait jamais appliqué
de bandage herniaire.

Le soir du jour indiqué, après un léger repas, la femme

Kohler éprouva des nausées, et eut une défaillance, qui dura près d'une heure; elle fut prise ensuite de coliques et de vomissemens qui firent rendre tous les alimens de la journée. Un officier de santé du voisinage étant appelé, ordonna une poudre aérophore et de l'infusion de camomille; cependant les vomissemens et les coliques continuèrent toute la nuit.

Le 21 (deuxième jour). Un lavement reste sans effet; dans la matinée, la malade supporte une boisson vineuse; mais dans l'après-midi, elle est reprise de vomissemens.

Le 22 (troisième jour). Nuit assez bonne; dans la journée, les vomissemens recommencent et sont provoqués par tout ce que la malade prend. On lui donne alors de la liqueur anodine d'Hoffmann avec du laudanum. Comme le mal résistait à tous ces moyens, je fus appelé dans la soirée. Bien que novice encore en chirurgie, il me fut facile de reconnaître que tout le désordre provenait d'une hernie crurale étranglée; la tumeur, très-tendue et douloureuse au toucher, était du volume du poing. Au dire de la malade, elle avait toujours été irréductible. Les coliques et la constipation persistaient, et le pouls était très-faible. (Lavement, ensuite bain tiède de deux heures, pendant lequel j'essayai à plusieurs reprises la réduction, mais en vain.)

Au sortir du bain, il y eut une selle; la tumeur parut alors moins tendue et diminuée de volume. (Fomentations froides de Schmucker sur la hernie; boisson mucilagineuse.) J'ordonnai encore un lavement et un bain pour le lendemain matin, prévenant que si la réduction ne s'en suivait pas, il faudrait appeler un chirurgien expérimenté pour faire immédiatement l'opération.

Le 23 (quatrième jour), dans la nuit, la malade eut deux vomissemens d'un liquide brunâtre, et des nausées continuelles, accompagnées d'ardeur à la gorge. Dès le matin, on donna le bain prescrit; il survint une lipothymie, pendant laquelle la réduction fut encore tentée sans résultat. Dans ces circonstances, je déclarai l'opération urgente. La malade fut aussitôt transportée dans une maison de santé, où elle fut opérée à dix heures du matin par le chirurgien spécialement attaché à cet établissement.

L'opération ne présenta en apparence rien de particulier; une anse intestinale, coiffée d'une portion d'épiploon, l'un et l'autre à l'état normal, formait la tumeur herniaire; l'étranglement était au col du sac. Après avoir suffisamment débridé et opéré la réduction, les bords de la plaie furent réunis par des bandelettes agglutinatives.

Après l'opération, le pouls se relève et la malade semble assez bien; mais au bout d'une heure, les vomissemens recommencent, le ventre se tuméfie; tranchées violentes, soif intense, pouls concentré.

La persistance des symptômes de l'étranglement a fait penser à l'opérateur que les parties réduites s'étaient de nouveau échappées au dehors; les bords de la plaie furent en conséquence séparés; mais comme l'ouverture crurale parut libre, on les réunit aussitôt. (Fomentations et lavemens émolliens; potion huileuse.) Dans la soirée, léger amendement dans les symptômes, qui reprennent leur intensité dans la nuit.

*Second jour de l'opération.* Le matin, il n'y a de vomissemens que lorsque la malade prend quelque chose; les lavemens restent sans effet; abdomen légèrement tuméfié, non douloureux; traits de la face profondément altérés; pouls faible et accéléré. Dans l'après-midi, oppression, bourdonnement d'oreilles, somnolence, pouls très-petit, à 125. Le soir, délire, agitation, retour des vomissemens jusqu'à minuit. Mort à deux heures du matin, après une légère agonie.

*Examen anatomique.* Commencement d'adhésion entre les bords de la plaie. Les intestins grêles sont réunis en paquet par une exsudation de lymphe coagulable; près de l'arcade crurale droite, se trouve collé contre les parois abdominales le sac herniaire, contenant encore une anse du jéjunum et une portion d'épiploon, tous deux d'un rouge violacé et couverts d'une pseudo-membrane; l'intestin et l'épiploon sont retenus par la constriction qu'exerçait sur eux un anneau d'une ligne et demie de large, formé par le col du sac incomplètement incisé. J'ai déposé au musée de la Faculté la pièce anatomique, et un dessin qui la représente exactement dans toutes ses parties.

*Réflexions.* J'ai noté toutes les circonstances de la maladie de la femme Kohler, avec une exactitude religieuse, tant j'en ai été péniblement affecté au début de ma carrière médicale. La mort de cette mère de famille n'aurait probablement pas eu lieu, si en tirant bien au dehors le sac qui n'était point adhérent, on eût cherché à s'assurer que la cause de l'étranglement avait été complètement levée, et si en même temps qu'on poussait devant soi l'intestin et l'épiploon pour les réduire, on eût pris la précaution essentielle d'opérer une traction en sens opposé sur le sac herniaire.

Peut-être encore dans ce cas aurait-on pu empêcher l'issue fatale, en ne se bornant pas à séparer les bords de la plaie lorsqu'on vit les accidens de l'étranglement persister et même augmenter, mais en pénétrant aussitôt avec les doigts ou des pinces dans la cavité péritonéale, pour amener au dehors les parties qui avaient été herniées, et voir si elles n'étaient pas dans un état de constriction par une cause quelconque. D'ailleurs, en explorant avec soin l'abdomen, on aurait sans doute reconnu les parties réduites en bloc, à une grosseur placée non loin de l'anneau aponévrotique qui leur avait livré passage.

# MÉMOIRE
# SUR LES HERNIES,
## AVEC RENVERSEMENT DE L'INTESTIN.

Le prolapsus d'une portion d'intestin à travers une ouverture accidentelle, avec renversement des tuniques, constitue un phénomène tellement rare, qu'il faut compulser les annales de tous les temps pour arriver à en réunir un petit nombre de cas. Si cette espèce de hernie ne donnait jamais lieu à des accidens graves, il serait oiseux de se livrer à de pareilles recherches ; mais malheureusement il n'en est point ainsi : ce genre de désordre peut devenir promptement mortel. Il importe beaucoup au chirurgien appelé pour remédier à une lésion aussi peu commune, de savoir ce qu'enseigne l'observation des faits analogues. Je ne crois donc pas me livrer à un travail inutile et dépourvu d'intérêt en réunissant tout ce que la science possède sur ce sujet important ; j'y joindrai un fait nouveau qui m'est propre, et je terminerai ce mémoire par quelques considérations pratiques.

L'espèce de hernie insolite qui nous occupe, se trouve déjà signalée dans les écrits hippocratiques. Il y est fait mention d'un enfant qui, à la suite d'une plaie à l'abdomen, conserva une ouverture fistuleuse, par laquelle s'écoulaient des matières bilieuses; il en sortit aussi un gros ver; l'intestin lui-même s'échappa à plusieurs reprises par les efforts de la toux [1].

Il faut convenir qu'il n'est pas dit explicitement que l'intestin qui sortait souvent par l'ouverture accidentelle était renversé; mais comment en pouvait-il être autrement? *Velut fistula corrodebatur*, dit HIPPOCRATE, les bords de cette ouverture avaient dû contracter des adhérences avec les plaies des parois de l'abdomen, sans quoi il serait survenu une péritonite promptement mortelle. Dès-lors il n'a pu se faire une hernie ordinaire; et la portion d'intestin qui s'échappait quand l'enfant toussait, devait nécessairement présenter à l'extérieur la tunique veloutée.

Pendant vingt siècles, ce fait resta unique dans les fastes de la science, et il faut arriver jusqu'à FABRICE DE HILDEN

---

[1] Voici le texte, d'après la version de HALLER: «Dinii filio in «Abderis umbilicum mediocriter sauciato, fistula parva relicta «est, et quandoque etiam lumbricus per se ipsum satis crassus pe- «netravit, et quum febriret, vomebat biliosa, quandoque et hæc «ipsa per fistulam prodibant. Adlapsum est et intestinum ipsi ad «fistulam, et velut fistula corrodebatur et rursus refringebatur, et «tusses permanere prohibebant.» (*De Morbis popular.*, lib. VII, sect. 2.)

(1604), pour en trouver un second, lequel est décrit avec soin et représenté dans une planche (*Centur. I.*, observ. 74). Il s'agit d'un prolapsus intestinal, long de 12 à 13 pouces, avec renversement des tuniques, survenu à la suite d'une plaie pénétrante à l'aine droite, chez un jeune homme de vingt ans, qui était tombé sur un pieu. Ce prolapsus rentrait facilement; les excrémens sortaient par son extrémité. A sa base et au dessus, se trouvait une autre portion d'intestin, également renversée, beaucoup plus petite, et ne donnant lieu qu'à l'excrétion de matières liquides gluantes. On ne pouvait la réduire comme l'autre, quoiqu'elle rentrât quelquefois spontanément. Le malade, qui était d'une bonne constitution, ne souffrait point de cette infirmité, à moins qu'il ne se fût exposé au froid ou qu'il ne fût constipé.

Il faut encore parcourir plus d'un siècle pour rencontrer un troisième cas de cette nature; mais celui-ci paraît avoir vivement intéressé les médecins de l'époque, puisqu'il a été décrit simultanément par Tieffenbach, dans une Dissertation (*Collect. de Thèses de chirurg.*, de Haller, t. V, p. 61, avec 1 planche), par Vater, dans un mémoire présenté à la Société royale de Londres (*Transactions philosophiques pour l'année* 1720), et par le célèbre Albinus, qui, dans le deuxième volume de ses annotations académiques, s'étend avec complaisance sur tous les détails qui ont rapport à ce fait. Un soldat eut, à la suite d'un coup de baïonnette reçu dans l'hypocondre gauche, un double prolapsus intestinal, avec renversement des tuniques; cha-

cune des portions prolabées avait 9 pouces de longueur ;
elles étaient situées l'une au dessus de l'autre. Toutes deux
se réduisaient facilement quand le malade se couchait
sur le dos, la supérieure surtout ; pour celle-ci, la réduction était instantanée quand on introduisait le doigt dans
l'ouverture que présentait son extrémité. Le malade, alors
âgé de quarante ans, portait cette infirmité depuis quatorze ans, sans que sa santé en souffrît.

Vingt ans plus tard, LE CAT communiqua à la Société
royale de Londres (*Transactions philosophiques pour les
années 1740 et 1752*) un nouvel exemple de renversement
de l'intestin, survenu chez une femme à la suite d'une
hernie inguinale avec gangrène ; le prolapsus était double ;
des deux branches qu'il présentait, l'une, correspondant
au bout supérieur de l'intestin, rentrait d'elle-même, et
l'autre restait toujours au dehors[1]. La portion *anale s'é-
tait prolabée deux mois* avant la portion *stomachale*. Onze

---

[1] LE CAT était fort désireux de guérir ce cas, qui lui paraissait
extraordinaire ; à cet effet, il forma le projet de réduire et de contenir dans l'abdomen les deux bouts du prolapsus, et d'introduire
une canule dans l'orifice qui répondait au rectum, afin de le di-
later et de le disposer à livrer passage aux matières que devait y
verser le bout de l'estomac, de rafraîchir ensuite les bords de
l'ouverture fistuleuse des parois abdominales pour en obtenir la
guérison au moyen de la gastroraphie. Mais toute tentative pour
réduire le bout inférieur resta infructueuse ; et ce n'est pas sans
regrets que LE CAT se vit obligé de renoncer à une opération sur
laquelle il avait fondé tant d'espoir. Si je rappelle ce procédé, c'est
qu'inventé en 1739, il a été présenté à l'Académie de médecine
comme une invention nouvelle, par un chirurgien d'Agen, entré
les mains duquel il a été deux fois couronné de succès.

années après, cette femme mourut d'une maladie interne.
Le Cat entreprit l'autopsie cadavérique avec toute l'attention que méritait un cas aussi peu connu et qui n'avait
pas encore été l'objet d'un examen anatomique. Il se
trouva que la portion continue au rectum, prolabait au
dehors; l'autre était rentrée; toutes deux appartenaient à
la fin de l'iléon. Le bout par lequel les excrémens avaient
coutume de sortir, n'offrait presque point de rétrécisse-
ment, tandis que l'autre en présentait un considérable. Il
s'enfonçait dans l'ouverture des parois abdominales pour
former la tumeur au sommet de laquelle il se renversait de
dedans en dehors comme un doigt de gant, et remontait
de bas en haut vers l'ouverture fistuleuse, avec laquelle il
avait contracté de fortes adhérences.

Dans les quatre cas mentionnés jusqu'à présent, cette
espèce de lésion a subsisté plus ou moins long-temps sans
donner lieu à des accidens directement mortels; il n'en
est pas de même dans les deux cas qui suivent; ils sont
dus à Puy (*Mémoires de l'Académie de chirurgie*, édit.
in-12. T. XV, p. 50). Une femme, âgée de quarante ans,
portait à l'aine droite un anus anormal, survenu à la suite
d'une hernie inguinale frappée de gangrène; par cette
ouverture sortait, lors de l'excrétion des matiéres fécales,
une portion d'intestin renversé, que la malade faisait rentrer avec facilité. Au bout de six mois, avril 1752, il s'en
échappa une portion de la longueur d'un demi-pied, et
il survint des douleurs violentes accompagnées de hoquet
et de vomissemens. La malade, placée à l'Hôtel-Dieu de

Lyon, devint l'objet d'une consultation de plusieurs chirurgiens. Les uns voulaient qu'on fît l'ablation de la tumeur; mais d'autres s'y opposant, on s'en abstint. Les accidens s'aggravèrent; le prolapsus augmenta jusqu'à un pied et demi de longueur, et la malade mourut en moins de soixante heures.

Le second fait rapporté par Puy, concerne une paysanne qui, à la suite d'une hernie avec gangrène, avait eu un anus accidentel, à travers lequel il se faisait quelquefois un renversement de l'intestin. Au bout de trois mois, l'intestin étant encore sorti, il survint des symptômes d'étranglement, qui duraient déjà sept jours, lorsqu'on conduisit la malade à l'hôpital. Rien ne put la soulager, et elle mourut peu d'heures après son entrée.

Un septième cas de hernie avec renversement de l'intestin se trouve rapporté par Leblanc dans l'édition qu'il a faite du traité sur les hernies par Hoin, en 1768. Le prolapsus avait 7 à 8 pouces de long; il était survenu chez une fille de quarante ans portant un anus anormal à la suite d'une hernie crurale étranglée, qui avait été prise pour un abcès, et ouverte avec le bistouri. La malade ne survécut pas long-temps à cause de l'état de dépérissement dans lequel elle tomba.

Nous n'avons pas encore rencontré de cas où la réduction du prolapsus n'ayant pu se faire, on ait eu recours à l'opération. Un fait de cette nature, le seul que la science possède jusqu'à présent est dû à un chirurgien de Berlin, et se trouve consigné dans les *mélanges* de Schmucker:

*Vermischte Bemerkungen,* Berlin, 1779; B. II, S. 199. Je vais le reproduire avec quelques détails, parce que je ne l'ai trouvé rapporté dans aucun ouvrage français.

Une femme, âgée de cinquante-sept ans, portait depuis vingt ans, une hernie inguinale du côté droit, lorsqu'après avoir mangé beaucoup et fait un effort, elle fut prise de symptômes d'étranglement. Quand Lange la vit, la tumeur herniaire avait acquis le volume d'une tête d'enfant et était gangrenée; l'intestin étranglé fut mis à découvert et trouvé détruit en partie; il sortit une grande quantité de matières fécales par l'ouverture qu'on venait de pratiquer. Lorsque au bout de huit jours, la suppuration eut détaché tous les tissus sphacelés, on vit que la perte de substance intéressait toute la circonférence de l'intestin, dont les deux bouts n'étaient plus réunis que par quelques fibres qui tenaient au mésentère.

Le quatorzième jour, la cicatrisation paraissant marcher rapidement, Lange chercha à réunir les deux bouts de l'intestin; mais dès qu'il touchait le bout supérieur aussi délicatement que possible, celui-ci se rétractait aussitôt, de sorte qu'il était impossible de le saisir. Lange abandonna donc le soin de cette réunion à la nature, et en effet elle se fit si bien, qu'à mesure que la plaie marchait vers la cicatrisation, les deux bouts tendaient à se rapprocher davantage. Au bout de deux mois, la malade avait des selles naturelles tous les deux jours, et il ne suintait plus par la plaie qu'un peu de sérosité. Mais cette femme s'étant livrée trop tôt à des travaux pénibles et à quelques écarts de régime, la plaie s'agrandit de nouveau, et le bout intestinal supérieur vint *procider* au dehors; il en sortit également quelques matières excrémentitielles. Quelques jours après, à la suite d'un effort que fit la malade pour soulever un fardeau, l'intestin s'échappa derechef, et il en sortit la longueur d'une demi-aune d'Allemagne (environ un pied). La portion prolabée était tellement gorgée de sang, qu'il fut impossible de la réduire. LANGE se vit alors dans la nécessité de débrider l'anneau, et il put de cette manière, non sans beaucoup de peine, ramener l'intestin renversé, en ayant soin de l'enduire continuellement d'huile. Pendant cette manœuvre il s'écoula une grande quantité de sang de la tunique villeuse.

Après avoir pansé convenablement la plaie, on fit une saignée et on donna un lavement et des médicamens antiphlogistiques à l'intérieur. Les jours de la malade furent sauvés par cette opération, mais elle conserva un anus artificiel.

On doit au chirurgien BIDAULT (*Mémoires de l'Académie de chirurgie;* édition in-12, t. XV, p. 28) un cas très-intéressant de renversement de l'intestin à la suite d'un anus anormal dans la région ombilicale. Une femme de quarante ans, d'un embonpoint considérable, portant depuis quelques années une hernie ombilicale, ressentit tout à coup des symptômes d'étranglement qu'on prit pour une indigestion. La gangrène s'empara de la tumeur, et il se fit une escarre de 5 pouces de diamètre. Une anse intestinale, presque entièrement détachée par ses deux extré-

mités, fut enlevée; elle appartenait au colon, et, chose remarquable, sa longueur était de plus de 2 pieds et demi;
sa partie moyenne avait été si peu altérée, qu'on a pu la
souffler et la faire sécher. La plaie s'étant rétrécie peu à
peu, il resta une ouverture par laquelle s'échappait la totalité des excrémens, et qui donna issue à deux portions
d'intestin renversé très-grosses, longues de 3 à 4 pouces;
leur réduction ayant été suivie de douleurs, on n'employa
plus aucun moyen pour les faire rentrer. La malade les
portait ainsi au dehors depuis trois ans, lorsque l'observation fut publiée, sans qu'elle en fût autrement incommo-
dée que par la malpropreté et les frottemens douloureux
qu'occasionait cette infirmité.

Sabatier, dans un mémoire sur l'anus contre nature,
inséré parmi ceux de l'Académie de chirurgie, a voulu
fixer l'attention des chirurgiens d'une manière particulière
sur l'accident qui nous occupe, et a publié quatre faits
dignes d'être mentionnés. Dans le premier, on voit un
jeune homme qui conserva, à la suite d'un abcès survenu
à l'âge de neuf mois, un anus anormal à la partie antérieure et moyenne de l'hypochondre gauche. Petit à petit
le bout inférieur de l'intestin, que Sabatier croyait être le
colon, se prolaba et présenta au dehors la tunique muqueuse; cette tumeur, qui continuait à augmenter, ne faisait point souffrir le malade, même en la lavant avec de
l'eau froide; mais dès qu'on y touchait, on réveillait de
vives douleurs.

Le second fait du chirurgien des Invalides concerne un

soldat qui conserva un anus anormal après avoir subi l'opération de la hernie étranglée, dans laquelle l'opérateur paraît avoir blessé l'intestin. Un an plus tard il survint, après un écart de régime, de vives coliques, et l'intestin se fit jour au dehors en se renversant. Depuis lors la tumeur n'est plus rentrée complètement; ses dimensions variaient selon que le malade était debout ou couché; les plus grandes lors de la marche, étaient de 6 pouces et demi de longueur sur 1 et demi de diamètre; les matières sortaient à la base. Cette incommodité n'empêchait pas l'invalide d'avoir de l'embonpoint et une certaine vigueur.

Dans le troisième cas observé par SABATIER, un prolapsus d'un pouce et demi de long était survenu chez un jeune soldat, qui depuis deux mois portait un anus accidentel par suite d'une hernie inguinale frappée de gangrène; le bout inférieur s'était renversé. La santé n'était point altérée.

Le quatrième fait enfin qui est propre à ce célèbre chirurgien, nous offre un double prolapsus également survenu après un anus anormal, résultat d'une hernie inguinale avec gangrène. La portion inférieure était sortie deux mois avant la seconde; toutes deux avaient, d'après le dire de SABATIER, 2 à 3 pouces de longueur sur 15 à 16 de diamètre, c'était probablement l'inverse, ou bien ce dernier chiffre doit désigner des lignes et non des pouces. Le malade n'étant âgé que de vingt-sept ans, et jouissant d'une bonne santé, sollicita vivement une opération qui le débarrassât de cette infirmité, mais tous les chirurgiens qui furent appelés en consultation s'y refusèrent.

En suivant toujours l'ordre chronologique dans cet exposé, nous arrivons au fait plein d'intérêt qui a exercé le génie de Desault, et nous a été conservé dans tous ses détails par Bichat (*Œuvres chirurgicales* de Desault; t. II, p. 331). Il s'agit d'un marin qui portait un double prolapsus, l'un long de 9 pouces, donnait à son sommet issue aux matières excrémentitielles; l'autre, plus petit, avait une forme ovale, et était froncé à sa surface; ces deux portions d'intestin s'étaient échappées par une ouverture qu'avait laissée à la partie inférieure et droite de l'abdomen, une plaie faite par un éclat de bombe; elles offraient un mouvement péristaltique et se rétractaient quand on les aspergeait avec un peu d'eau. Des tiraillemens violens qu'il éprouvait dans le bas-ventre, obligeaient ce jeune homme de se tenir toujours courbé, et quoique doué d'une forte constitution, il était arrivé à un état de maigreur extrême. Desault entreprit de guérir le double prolapsus, et y réussit par une compression méthodique. L'anus accidentel était aussi en voie de guérison, lorsqu'après un effort pour soulever un tonneau, le bandage qu'il portait se rompit, et bientôt une portion d'intestin, longue de 6 pouces, parut au dehors. Il se rendit à pied de Moulins à Paris, ne pouvant supporter la voiture; et grâce aux soins de Desault, il fut une seconde fois débarrassé de son prolapsus intestinal; les selles, d'abord interrompues, se rétablirent également par l'anus, et l'ouverture accidentelle guérit par des moyens qu'il n'est pas de notre sujet de décrire.

Enhardi par ce succès, le chirurgien de l'Hôtel-Dieu voulut essayer de guérir par le même procédé un anus contre nature, que portait depuis onze ans un homme déjà affaibli, qui avait eu une hernie scrotale avec gangrène. Le malade avait en même temps un prolapsus du bout supérieur, de la longueur de 3 pouces; celui-ci fut réduit et maintenu par un tampon. Cet homme, effrayé par les gargouillemens et les coliques qui se firent ressentir au bout de dix-huit heures, renonça à se faire guérir et sortit de l'hôpital.

Nous trouvons un seizième fait de la nature de ceux qui nous occupent dans le traité des *Hernies de* Scarpa (traduction française, page 289). Un jeune homme, que le célèbre chirurgien de Pavie avait opéré d'une hernie scrotale avec gangrène, conserva une petite ouverture par laquelle suintaient quelques gouttes de matière fécale jaune, sans qu'il fût par là empêché de se livrer à de rudes travaux de la campagne. Cet état durait depuis trois ans, lorsque le malade fut pris d'une toux, dont les efforts eurent bientôt agrandi l'ouverture accidentelle, qui, lorsque Scarpa l'examina, donnait passage à la presque totalité des excrémens, et à une portion d'intestin grêle longue de 2 pouces et demi. La réduction du prolapsus fut facile, mais l'intestin pouvait aussi facilement ressortir; il fallut pour l'empêcher, faire porter habituellement au malade un gros bourdonnet de la longueur d'un pouce et demi. Par là le cours des matières fut rétabli, et il n'en sortit plus que très-peu par la plaie. Il y avait deux ans que ce cas était arrivé, quand Scarpa le publia, et le jeune homme continuait à se livrer à ses travaux ordinaires.

Nous arrivons enfin à l'époque à laquelle nous eûmes nous-même l'occasion d'observer un prolapsus intestinal survenu dans des circonstances remarquables, que nous allons mentionner avec quelques détails.

Jacques Schoenberger, propriétaire à Strasbourg, âgé de soixante-dix ans, d'une taille élevée et d'une constitution robuste eu égard à son âge, se trouvait, lorsque je le vis pour la première fois (le 24 septembre 1812), à neuf heures du soir, dans l'état suivant :

Un large ulcère gangréneux qui avait détruit les tégumens et une partie du tissu cellulaire sous-jacent, occupait l'aine droite, et descendait à la partie interne et antérieure de la cuisse, dans l'étendue de plusieurs pouces. Sous l'arcade crurale, qui était à découvert, sortait un bout d'intestin long de 7 pouces, légèrement courbé, et présentant au dehors la membrane veloutée, garnie de replis valvuleux ; ce morceau de boyau était distendu et très-rouge ; à son extrémité libre, il se repliait sur lui-même, et se continuait avec une portion invaginée et par conséquent non renversée. Près de l'arcade crurale, il y avait une petite déchirure qui paraissait l'effet d'un taxis exercé avec trop de violence ; elle laissait voir la portion d'intestin invaginée, présentant la surface péritonéale sans altération. L'intestin ainsi prolabé et renversé n'était sujet à aucun mouvement par lui-même ; il ne se faisait d'excrétion sur aucun point de sa surface, ni par ses extrémités.

Le doigt pouvait se promener librement sous le ligament de Poupart; mais la hernie ne pouvait être déplacée, et toute tentative pour faire rentrer par le bout libre du prolapsus la partie renversée, afin de la retourner jusqu'à l'endroit déchiré, fut vaine. Le ventre était si rétracté, que la paroi antérieure touchait presque la colonne vertébrale.

Le malade avait eu une selle dans la matinée, et ne se plaignait que d'une forte douleur au haut de la région ombilicale; il y avait de la soif; le pouls était plein et mou; le *facies* n'annonçait pas un grand trouble dans l'économie. La hernie ne s'était manifestée que depuis cinq heures de temps. Schoenberger assura n'en avoir jamais eu précédemment. Voici au reste ce que j'appris sur son état antérieur:

. Six semaines auparavant, il avait eu des chancres au pénis, qui guérirent par l'usage du mercure soluble d'Hahneman; les glandes inguinales du côté droit s'engorgèrent au bout d'un mois, et offraient alors une tumeur de la grosseur d'un œuf de pigeon, sans être enflammées. Peu de jours avant la sortie de l'intestin et son renversement, il était survenu une violente inflammation au bubon; la gangrène s'en était emparée, et avait fait des progrès si rapides, que bientôt les tégumens de l'aine et le tissu cellulaire de cette région furent frappés de mortification. Il est encore à remarquer que dès l'apparition de l'engorgement des glandes, cet homme avait fait des frictions mercurielles en négligeant les précautions qu'exige un pareil traitement entrepris dans la mauvaise saison.

Après avoir inutilement cherché à faire disparaître le

4

renversement de l'intestin, il fallut, pour la nuit, se borner à donner au corps une position convenable, c'est-à-dire sur le dos, les membres inférieurs étant à demi-fléchis. On plaça sur la hernie une compresse imbibée d'huile tiède, en même temps qu'on fit sur l'abdomen des fomentations avec une infusion de fleurs de camomille et des embrocations d'huile camphrée. Comme le malade sollicitait quelque chose qui pût soulager la douleur ombilicale devenue insupportable, on lui donna de temps à autre du looch blanc laudanisé.

La nuit se passa sans rien offrir de nouveau.

Le lendemain matin, la portion d'intestin renversée avait un aspect d'un rouge foncé, tirant sur le violet, et au lieu de turgescence inflammatoire, il y avait flaccidité; on n'observait pas plus que la veille d'excrétion, ni à la pointe ni à la base du prolapsus. Le pouls était moins plein, sans toutefois dénoter une grande prostration de forces. Dans cet état de choses, l'opération suivante fut décidée par ***, chirurgien traitant, et exécutée par lui à sept heures du matin.

Après avoir agrandi la petite crevasse que présentait l'intestin près de l'arcade crurale, l'incision fut prolongée dans le sens de la longueur du prolapsus, jusqu'à l'endroit où cessait le renversement; toute cette portion, déjà altérée dans sa structure, ayant été enlevée au moyen de ciseaux, l'autre, qui était invaginée, se présenta avec son aspect normal, et fut facilement réduite. Après l'avoir fait rentrer dans la cavité abdominale, son extrémité fut fixée au dehors par une anse de fil, afin de la faire servir d'anus artificiel. La résection de l'intestin fit jaillir le sang de deux artères, qu'on lia aussitôt. Les fomentations et les embrocations sur l'abdomen furent continuées; pour boisson, on donna une décoction de guimauve et du bouillon.

La journée se passa sans changement notable; le ventre était toujours contracté, et le malade demandait souvent à boire. Vers le soir, il s'affaiblit notablement; le ventre se tuméfia un peu; plus tard, il survint des vomissemens; et enfin, à minuit, les extrémités devinrent froides, puis tout le corps, et cet homme expira sans beaucoup souffrir, après avoir conservé l'intégrité des fonctions intellectuelles jusqu'au dernier moment; car, depuis long-temps, l'artère radiale, et même la brachiale avaient cessé de battre, qu'il répondait encore aux questions qu'on lui adressait.

*Examen du cadavre.* Estomac très-distendu par le liquide qui avait servi de boisson.

La partie inférieure de l'intestin jéjunum ramollie et amincie, d'un brun foncé, est fixée par des adhérences qui ne paraissent pas récentes, à l'endroit où la branche horizontale du pubis s'unit au corps de cet os. A cette partie, l'intestin offre une déchirure située immédiatement sous le ligament de Fallope et dans l'intérieur du bassin; c'est par cette ouverture accidentelle que la portion inférieure de l'intestin s'est prolabée en se renversant, de manière à présenter au dehors sa surface interne; il en reste encore un bout de quelques lignes, espèce d'anneau membraneux, dans lequel est engagée l'extrémité de l'in-

4*

testin qui porte l'anse de fil ; en sorte que l'ouverture destinée à l'anus artificiel était formée par une portion d'intestin inférieure à celle qui présentait la déchirure interne
par laquelle le renversement et le prolapsus s'étaient opérés.
Le reste des intestins, de même que les autres organes, se
trouvaient à l'état normal.

On voit ici une inflammation intense suivie promptement de gangrène, s'emparer des ganglions inguinaux,
déjà considérablement engorgés; puis, envahir le tissu cellulaire profond, d'où elle s'étend au péritoine et à la portion d'intestin grêle qui se trouvent à proximité. Il en résulte la mortification d'un point, et l'adhérence à l'os pu-
bien d'un autre point de cette partie du tube digestif. On
conçoit que les tissus placés au devant de la portion spha-
celée de l'intestin une fois détruits par la gangrène, et
l'escarre intestinale enlevée, le prolapsus avec renversement a pu s'opérer facilement, et qu'ici, comme dans
les cas d'anciens anus anormaux, l'adhérence de l'intestin
à des parties solides a dû beaucoup favoriser cet accident,
sinon en être la condition essentielle. En effet, sans un
point fixe offrant de la résistance tout près de l'ouverture
accidentelle, les efforts d'un mouvement péristaltique ou
anti-péristaltique exagéré se fussent perdus, et n'auraient
pu amener le résultat fâcheux qui constitue le fait pathologique qui nous occupe.

Quelques années après avoir observé le cas qu'on vient
de lire, nous en trouvâmes un semblable dans un ouvrage
publié en 1816, par le docteur Howship (*Practical obser-*

*vations in Surgery and morbid anatomy with engravings*),
et qui n'a pas encore passé dans notre langue, quoiqu'il
contienne des faits très-intéressans et bien décrits. Nous
allons par cette raison donner en détail celui qui se rapporte ici. Ce cas est le plus récent parmi ceux consignés
dans les ouvrages de chirurgie.

Anne Pierce, femme âgée de soixante-seize ans, habituellement constipée, fut prise subitement, le 14 avril
1813, d'une douleur au creux de l'estomac. Elle se trouva
toutefois encore assez bien pour entreprendre une pro-
menade éloignée qui devait durer toute la journée.

Dans l'après-midi, elle souffrit beaucoup; craignant de
voir empirer le mal, elle s'en retourna de bonne heure;
mais en route, elle fut prise d'une douleur si violente dans
le côté gauche de l'abdomen, qu'elle put à peine marcher
et respirer. Rentrée chez elle avec beaucoup de difficulté,
elle se coucha aussitôt, fut prise de nausées, et rendit
tout ce que contenait son estomac. Les douleurs dans le
dos et à la région épigastrique continuèrent pendant une
semaine, durant laquelle elle eut de fréquens accès de vomissement. Cet état, auquel se joignit la diarrhée, s'étant
prolongé plusieurs jours encore, la malade alla demander
secours à l'hôpital Saint-Georges. Elle fut soigneusement
visitée par M. Leigh, apothicaire, pendant plusieurs jours,
avant qu'elle ne parlât d'une grosseur située à l'aine
gauche, et qu'elle attribuait aux efforts occasionés par le
vomissement. Le docteur Howship fut alors désireux de la
voir; il trouva une tumeur petite, molle, non élastique,

indolente, située au-dessous du ligament de Poupart. Cette exploration n'incommoda point la malade; mais il ne fut pas possible, par le taxis, de diminuer tant soit peu la tumeur. Celle-ci, qui n'était d'abord pas plus grosse qu'une noisette, au rapport de la femme Pierce, avait acquis peu à peu les dimensions actuelles, sans occasioner la moindre douleur. La malade disait que ses selles étaient libres, et que, depuis quelques jours, sa douleur d'estomac avait cessé. Le pouls était lent, mais parfaitement égal et bon. Au toucher, la tumeur donnait la sensation d'une épiplocèle; mais, tout en admettant que telle fut sa nature, il n'y avait pas de motif suffisant pour proposer l'opération. Il fut, en conséquence, ordonné quelques remèdes appropriés, ainsi que des fomentations et un cataplasme. Au bout de deux ou trois jours, la tumeur s'ouvrit, et donna issue, d'abord à du pus, et, le lendemain matin, à des fèces d'une consistance molle, puis à des gaz; en même temps la douleur de l'estomac s'accrut.

Anne Pierce resta quelque temps dans cet état; l'estomac toujours douloureux, l'appétit diminuant, et la plus grande partie des fèces passant par l'ouverture que présentait l'ulcère de l'aine. Le 2 mai, elle se plaignit de douleurs plus vives que d'ordinaire à l'estomac et au dos. Vers le soir, tandis qu'elle se soulevait dans son lit, pour essayer une position qui pût la soulager, sa fille s'aperçut par hasard qu'une portion de boyau avait été poussée au dehors, à travers l'ouverture de l'aine. Pleine d'effroi, elle en fit part aussitôt au docteur Howship qui se rendit immédiatement près de la malade. Il trouva sept à huit pouces d'intestin prolabé et renversé; de nombreuses valvules conniventes couvraient la tunique villeuse placée à l'extérieur, et indiquaient qu'elle appartenait à l'intestin grêle.

Ce fut en vain qu'on essaya de réduire ce prolapsus ; les tentatives faites dans ce but ne produisirent toutefois ni douleur ni malaise. Le contact de l'air froid y excitait des mouvemens péristaltiques très-prononcés. On appliqua un linge huilé, et on fit des fomentations chaudes. Le lendemain matin, deux chirurgiens visitèrent la malade; mais la réduction était encore impossible. Vers le soir, une violente douleur se fit sentir dans l'abdomen; les forces s'affaissèrent rapidement, et la mort survint en peu d'heures.

*Autopsie cadavérique.* Le corps était émacié; la portion d'intestin qui se trouvait au dehors était flasque et affaissée. Après avoir ouvert la cavité abdominale, on s'assura que le jéjunum et l'iléon concouraient à former la hernie, qui était crurale. Les deux bouts de l'intestin prolabé adhéraient fortement au bord de l'ouverture qui se trouvait placée au dessous du ligament fémoral; le renversement, et par conséquent le prolapsus, s'étaient formés aux dépens de la portion supérieure de l'intestin.

L'auteur a ajouté une planche très-bien exécutée qui fait voir la disposition des parties d'une manière plus exacte et plus claire que ne peut le faire une simple description.

Ici se termine notre tâche d'historien, car nous n'avons pu trouver dans les annales de la science que les dix-huit faits que nous venons de rapporter; nous ne sommes entré dans les détails qu'autant qu'ils étaient d'un intérêt réel, ou qu'ils se rattachaient à des cas peu ou point connus. D'ailleurs, cette revue rétrospective est quelquefois nécessaire et féconde en résultats dans les sciences d'observation et d'expérience. Nous pourrons maintenant tirer de toutes ces données des inductions capables de jeter quelque jour sur les causes qui donnent lieu à la complication fâcheuse dont il s'agit, sur les phénomènes qui l'accompagnent, et sur les soins qu'elle réclame.

Nous voyons d'abord qu'aucun âge n'est à l'abri de cet accident, qui toutefois se rencontre plus fréquemment de vingt-cinq à quarante ans; époque de la vie où on se livre aux travaux les plus pénibles, et où se rencontrent aussi le plus de hernies étranglées.

Cette double circonstance explique la plus forte proportion du sexe masculin chez ces malades (11 hommes et 7 femmes) et la plus grande fréquence (14 sur 18) des prolapsus survenus chez des personnes qui portaient des anus anormaux à la suite de hernies étranglées; soit que l'intestin, et c'est le plus grand nombre, ait été frappé de gangrène, soit qu'une inflammation ulcérative, ou un bistouri mal conduit l'ait percé. Dans les autres cas, la cause de l'anus accidentel a été traumatique : c'était une fois, un coup de baïonnette, une autre fois une chute sur un pieu, une troisième fois enfin un éclat de bombe.

Le mal s'est rencontré le plus souvent (treize fois) à la région inguinale; trois fois il siégeait sur les côtés de l'abdomen, et deux fois à l'ombilic. Dans les deux tiers des cas le prolapsus a été simple, et lorsqu'il était double, l'une des deux portions d'intestin était plus longue que l'autre, et appartenait ordinairement au bout intestinal qui correspond à l'estomac. La longueur a varié d'un pouce et demi à un pied, et au-delà; la grosseur a différé aussi selon que c'était l'intestin grêle ou le colon qui se trouvait prolabé. La forme du prolapsus était arrondie quand il était petit et cylindrique, légèrement recourbée quand il était long; des replis valvulaires et des tubercules plus ou moins saillans recouvraient sa surface rougeâtre, molasse et enduite de mucosités. On y apercevait des mouvemens que l'impression du froid rendait plus prononcés.

Dans les cas de procidence simple où le bout intestinal se trouve désigné, il a appartenu autant de fois à la portion anale qu'à la supérieure, ce qui détruit également les deux opinions opposées, avancées par Boyer et par Dupuytren. Cette distinction est facile quand la maladie est ancienne, et qu'on a eu le temps de s'assurer de l'endroit par où s'échappent les matières fécales; car il est évident que si c'est par le sommet du prolapsus que cela a lieu, la portion supérieure de l'intestin se trouve intéressée, tandis que la portion anale formera la procidence dans les cas où l'écoulement des matières se fait par la base de celle-ci. Lorsque l'accident est récent, cette distinction est difficile, et peut même être impossible; elle n'est d'ailleurs pas nécessaire pour déterminer les moyens à employer.

Chez plusieurs des malades dont nous avons rapporté l'histoire, le prolapsus, soit simple, soit double, a existé de longues années sans les incommoder autrement que par la malpropreté qui en est inséparable, malgré les machines plus ou moins ingénieuses qu'on a pu imaginer pour les en garantir. Quelquefois l'intestin rentrait facilement, rien que par la position sur le dos et un léger toucher; c'était surtout le cas pour des prolapsus qui intéressaient le bout intestinal supérieur; alors aussi la sortie s'effectuait très-facilement par la marche, la défécation ou la toux. D'autres fois le prolapsus était irréductible ou au moins pouvait être considéré comme tel à cause des souffrances qu'on occasionait en essayant de le réduire.

Cette réduction doit constamment être tentée, et nous ne pouvons assez recommander, dans ce but, le moyen qu'on doit au génie de DESAULT, qui deux fois l'a employé avec succès chez le marin affecté d'un double renversement, dont nous avons rapporté l'histoire. Ce moyen consiste à exercer une compression méthodique avec un bandage roulé; à cet effet, on couvre la tumeur de doloires, d'abord peu serrés, et dont on augmente graduellement la constriction à mesure que les parties s'affaissent; il faut encore avoir la précaution de ne point comprimer moins fortement le sommet que la base; sans quoi la réduction ne pourrait se faire. Nous renvoyons pour plus de détails à l'ouvrage même de ce grand maître.

Est-on parvenu à faire rentrer l'intestin prolabé, il faut empêcher qu'il ne ressorte; on ne saurait dans ce but rien faire de mieux que d'imiter la conduite de SCARPA dans un cas qu'il a consigné dans son *Traité des hernies* (traduction française, p. 289). Le prolapsus avait deux pouces et demi de long ; il le réduisit facilement, et le maintint en place par un bourdonnet gros comme le doigt, introduit dans le trajet fistuleux et fixé par un bandage en T. Ici aussi nous ne pouvons qu'indiquer un procédé dont il sera utile d'apprendre tous les détails dans l'ouvrage du célèbre professeur de Pavie.

Quand l'espèce de hernie dont il est ici question *complique un anus anormal* préexistant, il peut, comme dans l'entérocèle ordinaire, survenir des accidens dus à l'étranglement, soit que, par un effort, l'intestin ait franchi avec violence une ouverture fistuleuse rétrécie par les progrès de la cicatrisation, soit que la portion d'intestin déjà prolabée subisse tout à coup une turgescence telle, que son retour dans la cavité péritonéale devienne impossible. Dans des circonstances aussi graves, le chirurgien ne temporisera pas long-temps, mais recourra au débridement de l'ouverture abdominale, afin d'opérer le plus promptement possible la réduction, ainsi que cela a été fait une fois avec succès dans le cas que nous avons emprunté à Schmucker.

Dans le cas de plaie *récente* de l'intestin, lorsqu'elle existe *au-delà* des anneaux et qu'elle ne se trouve pas exactement vis-à-vis celle des parois de l'abdomen, on se hâtera d'attirer au dehors la portion d'intestin lésée, en débridant au besoin. On fera alors cesser l'invagination, et, par suite, le renversement, en exerçant des tractions sur la portion d'intestin continue avec celle qui est prolabée. Bien entendu qu'après avoir amené la déchirure intestinale au niveau de l'ouverture abdominale, on l'y maintiendra par les moyens connus.

En résumé, l'accident qui nous occupe, quoique toujours très-grave, offrira, dans la plupart des circonstances qui y donnent lieu, plus de chances favorables si le chirurgien sait profiter des lumières fournies par les faits que nous avons rapprochés.

# MÉMOIRE PRATIQUE
# SUR LE TÉTANOS[1].

L'histoire du tétanos, sous le rapport de son étiologie et des moyens propres à le combattre avec efficacité n'est guère plus avancée de nos jours qu'elle ne l'était il y a deux mille ans: l'anatomie pathologique, malgré ses progrès récens, n'a pu encore jeter que peu de jour sur la nature et le siége réel du mal, et, si nous interrogeons les travaux récens de la médecine militaire, nous apprendrons par sir James M'Grigor, John Hennen et M. Briot, ses interprètes les plus fidèles pour cette spécialité, que malgré des recherches infatigables, nos moyens thérapeutiques contre cette maladie n'ont rien gagné en certitude.

On rencontre dans les auteurs une grande confusion dans la détermination des causes qui donnent lieu au tétanos.

C'est ainsi qu'on voit signalées comme telles, la piqûre,

[1] Extrait des *Archives médicales de Strasbourg*, n° 13, mars 1836.

la déchirure et la compression des nerfs ; les plaies par arrachement, les fractures, des lésions cérébrales ; la présence de vers ou du méconium dans le tube intestinal, l'ingestion de certains alimens, de poisons, la morsure d'animaux envenimés ou enragés, l'action des virus, des miasmes, la répercussion d'exanthèmes, la métastase laiteuse, l'avortement, la suppression d'écoulemens habituels, l'angine, l'hypocondrie, et une foule d'autres maladies, sans compter l'insolation, les affections vives de l'âme, etc.; mais toutes ces circonstances, lorsqu'elles se rencontrent avec le développement du tétanos, y ont-elles une part active, ou bien n'y concourent-elles que comme causes prédisposantes ? Les auteurs fourmillent, à la vérité, de faits qui semblent prouver que le tétanos peut être produit par des causes aussi variées que multiples ; mais l'on se convaincra qu'il n'en est point ainsi, en considérant :

1° Que l'on a rapporté à cette maladie des affections qui lui sont tout-à-fait étrangères, par exemple, les observations I$^{re}$, IV$^e$, V$^e$ et VI$^e$ de HAEN [1] ; les espèces 3, 4, 9, 11, 14, 19, admises par SAUVAGES dans le genre CXVII, de sa *Nosologie,* etc.;

2° Que l'on a confondu avec le tétanos différentes affections nerveuses, spasmodiques et convulsives ; tels sont les faits qui se rangent dans les espèces 5, 8, 12, 16, 17 du genre CXVII, dans les espèces 6, 8, 12, 13 du genre CXXII, et dans celles 1, 2, 6 du genre CXXIII du nosographe que nous venons de citer ; nous serions même tenté

---

[1] *Dissertatio de Tetano in rat. med.,* t. X, cap. 4, §. 7.

de ne pas considérer comme de véritables tétanos le catochus de FEHR[1], le catochus cervinus de STOERCH[2], le catochus diurnus de SAUVAGES[3], en raison de l'état du pouls
constamment normal, de l'absence du resserrement douloureux à l'épigastre, de la facilité de respirer et de la
chronicité de ces derniers cas;

3° Que les auteurs qui ont tracé l'histoire de ces faits,
ont souvent négligé d'observer et d'indiquer certaines circonstances, donnant une importance non méritée à certaines autres, qui, sans le concours de la cause que nous
considérerons plus tard comme *seule efficiente*, n'auraient
point produit l'effet dont il s'agit.

En effet, toutes les circonstances que les auteurs ont re-
gardées comme causes productrices du tétanos, ne sont
que prédisposantes. Pour que cette terrible maladie puisse
se développer, il faut qu'une colonne d'air d'une température inférieure à celle du milieu où se trouve le corps,
frappe celui-ci sur tous ou sur un des points de sa surface;
et cela est si vrai, qu'on a vu plusieurs des circonstances,
considérées ordinairement comme causes efficientes, exis-
ter, et le tétanos ne pas avoir lieu; qu'on me permette de
citer à cet égard l'observation suivante recueillie dans les
salles de l'hôpital civil.

*Observation.* AGATHE MERCIER, âgée de quarante-deux
ans, d'une forte constitution, entra le soir du 22 mars 18..,

[1] *Eph. Germ. natur. curios.*, déc. *III*, ann. *I*, obl. 1.
[2] *Ann. méd.*, 1758.
[3] *Journal de méd.*, 1753, 3 févr.

à l'hôpital, pour y être traitée d'une fracture des os de l'avant-bras gauche près de leur extrémité carpienne. Il y avait un gonflement inflammatoire très-douloureux, qui occupait tout l'avant-bras, de même que la main; cette fracture provenait d'une chute que la malade avait faite la veille du haut d'un escalier. L'avant-bras ainsi que la main furent couverts d'un cataplasme émollient. Le topique, aidé du repos et de la diète, avait déjà amené une amélioration sensible, lorsque le 23, à cinq heures du soir, immédiatement après le pansement, il survint tout à coup un spasme dans tout le bras droit, qui rendit le moindre mouvement impossible. Ce membre était dans une extension soutenue; les doigts même ne pouvaient être fléchis; ils se tenaient rapprochés de telle sorte que le pouce touchait le doigt auriculaire. Les douleurs plus fortes dans ce bras que dans la fracture, augmentèrent tellement en peu de minutes, que cette malheureuse poussait de grands cris et offrait une profonde altération des traits du visage. Je fis faire aussitôt une saignée de douze à quatorze onces au bras droit; à mesure que le sang s'échappait de la veine, les douleurs et le spasme perdirent de leur violence et enfin disparurent entièrement.

Il est probable que la plaie interne qui a donné lieu à un spasme si violent du bras du côté opposé, aurait produit le tétanos, si cette femme avait été en même temps exposée à l'action du froid. Car on ne peut admettre avec certains auteurs (*Nosogr. philos.*, éd. 5, t. III, p. 181) que cette extension involontaire et douloureuse constituait *un tétanos du bras droit ;* un seul symptôme ne suffisant pas pour établir l'existence d'une maladie.

Ce que nous venons d'avancer se trouve confirmé par le plus grand nombre d'observations, et nous croyons pouvoir assurer que les auteurs qui ne font pas mention de l'action du froid, ont négligé de noter cette circonstance, ou ne se sont pas trouvés à même d'en apprécier l'influence. Les trois observations que nous rapporterons plus bas et qui nous sont propres, prouvent d'une manière évidente que le froid a agi comme cause efficiente. J'invoquerai encore à l'appui de ma manière de voir les noms de CLARKSON, ZULATTI, KÜHN, MURSINA, RUSCH et HENNEN. Je pourrais rappeler aussi que la cause qui rend le tétanos si fréquent sous la zône torride, c'est la succession de nuits froides à des journées très-chaudes ; et si le nouveau-né est exposé à cette maladie toujours mortelle pour lui (WERLHOFF, MOSELEY), n'est-ce point parce qu'il éprouve un changement brusque de température, en passant d'un milieu plus chaud, fourni par les eaux de l'amnios, dans un milieu moins chaud, celui de l'air atmosphérique. Remarquons enfin que le tétanos atteint ordinairement les blessés, lorsque leurs plaies sont presque cicatrisées, ou lorsqu'elles le sont depuis peu de temps ; c'est qu'alors la suppuration a plus ou moins détruit le tissu cellulaire qui sert de coussinet, de fourrure, pour ainsi dire, aux nerfs ; que la triple tunique qui forme la peau est remplacée par une mince pellicule de plus ou moins d'étendue, et que la partie dont les nerfs sont ainsi rendus plus impressionables à l'action du froid, est brusquement débarrassée des cataplasmes, fomentations, plumaceaux, compresses, bandages, etc., qui entretenaient dans cette partie une température uniforme, plus élevée même que dans le reste du corps.

Mais l'air froid seul suffit-il pour produire le tétanos? ou faut-ilqu'il soit de plus chargé d'humidité, ou qu'il ait éprouvé même une altération quelconque dans ses parties constituantes?

On ne saurait nier qu'un grand nombre de tétanos se sont développés sous l'influence d'une constitution atmosphérique froide et humide, surtout lorsqu'elle a été précédée de chaleurs intenses; c'est ce qui a lieu dans les pays d'une situation peu élevée; dans ceux qui sont entrecoupés de nombreux fleuves, ou qui se trouvent dans le voisinage de la mer, de grands lacs et surtout de marais étendus. Mais il existe une quantité non moins grande de faits bien authentiques dans lesquels l'état hygrométrique ne présentait aucune altération sensible, et où, par conséquent, l'abaissement subit de la température a suffi au développement de cette maladie, sans le concours de l'humidité. A ces faits nous pourrions ajouter les résultats de notre propre observation, qui nous ont conduit à considérer l'humidité seulement comme une circonstance prédisposante, rendant l'économie plus impressionable, plus susceptible de ressentir l'action du froid, mais non indispensable à la production du tétanos.

L'air a-t-il besoin d'être altéré dans sa composition, ou d'être chargé d'émanations étrangères, et en quoi cette altération contribue-t-elle au développement de la maladie qui nous occupe?

Ph. Fréd. de Walther pense que la fréquence du tétanos, dans les climats où règnent le plus de maladies épidémiques graves, comme les Indes, l'Égypte, l'Éthiopie, doit être attribuée à l'influence de la constitution atmosphérique, qui produit ces affections. Il prétend ensuite que les circonstances qui donnent lieu au typhus pétéchial dans les hôpitaux, développent le tétanos chez les blessés, et que la fréquence de ce dernier peut être regardée comme le sûr indice d'une prochaine épidémie de typhus; il regarde enfin le tétanos comme une maladie épidémique, régnant tous les quatre ans, parce qu'à Landshut, ville de sept mille âmes, il l'a rencontré cinq fois dans les années 1804 et 1808, sans l'observer une seule fois pendant l'intervalle. Ces deux dernières assertions n'ont pas besoin de réfutation. Quant à la première, il faudrait prouver que le tétanos est produit dans les climats dont il vient d'être question par la même cause qui y entretient les maladies épidémiques; or, l'observation nous apprend que ces maladies, pour être très-variées dans leurs formes, n'en sont pas moins identiques dans leur essence, et reconnaissent pour origine commune les miasmes marécageux; elles nous apprend encore que ces miasmes ne jouissent de toute leur activité qu'au milieu de circonstances peu favorables au développement du tétanos. D'ailleurs, cette maladie, si elle était due à l'action de l'atmosphère si éminemment nuisible de ces pays, devrait être plus commune, et les étrangers en seraient les premières victimes; comme ils le sont de la fièvre jaune et des fièvres intermittentes et rémittentes, endémiques dans ces climats; et cependant l'observation démontre le contraire. En effet, pour ne citer qu'un exemple, le *tétanos nascentium*, qui fait de si grands ravages sous les tropiques, n'enlève-t-il pas bien plus de négrillons que d'enfans créoles?

Nous refusons donc aux miasmes des marais la faculté d'agir comme cause efficiente du tétanos, leur concédant toutefois celle de pouvoir y prédisposer, en vertu de leur influence délétère sur l'économie animale.

Plusieurs auteurs ont aussi attribué à l'air de la mer une action particulière dans la production de cette maladie; mais Dazille et Campet ont suffisamment démontré le peu de fondement de cette opinion.

Il ne reste donc que *le froid*, ou plutôt *le passage subit du chaud au froid*, comme seule cause efficiente du tétanos. Si nous nous sommes quelque temps arrêté à l'examen de cette question, ce n'est point par vaine curiosité scientifique, mais parce que nous regardons sa solution comme très-importante; et si nous sommes parvenu à démontrer la vérité de notre assertion, nous croirons avoir fait quelque chose d'utile pour la prophylaxie de cette terrible maladie.

L'action de cette cause, dans les circonstances données, paraît se porter sur la moelle épinière, et, dans quelques cas trop rares pour être pris en considération, simultanément sur le centre nerveux épigastrique. On conçoit, en effet, que l'impression morbifique se faisant sur l'extrémité périphérique des nerfs, est transmise directement au centre spinal qui, à son tour, devient point de réaction et source des phénomènes caractéristiques de la maladie.

A la vérité, l'état de la science ne permet pas encore d'appuyer ces considérations pathogéniques sur des faits directs assez nombreux pour pouvoir les donner comme positives; mais, comme on le verra plus bas, on possède déjà quelques données qui nous mettent sur cette voie; données qui probablement acquerront plus d'importance encore, si on examine avec un soin scrupuleux tous les organes des sujets qui succombent à cette maladie[1].

Si l'action de la cause efficiente a été intense, le tétanos se manifeste subitement avec violence et devient bientôt mortel; et la mort a lieu avec tous les signes qui dénotent la paralysie des organes du cœur et de la respiration.

La cause efficiente a-t-elle agi avec moins d'intensité, et la constitution du sujet est-elle à même de résister au premier choc, il s'établit dans l'organisme une réaction que l'art doit mettre à profit pour venir au secours de la nature qui, abandonnée à ses propres efforts, succomberait

---

[1] Ces idées, émises déjà en 1820, commencent aujourd'hui à être justifiées par quelques faits récens, et pour ne parler que de ceux qui se passent sous nos yeux, nous mentionnerons des observations encore inédites recueillies à l'hôpital militaire par M. le professeur Bégin, et à la clinique interne, par M. le professeur Stoltz, dans lesquelles une myélite des mieux constatées a coïncidé avec les phénomènes tétaniques.

infailliblement[1]. Ici le développement de la maladie a lieu d'une manière progressive.

Le premier symptôme qui puisse être considéré comme signe précurseur et qu'on a rencontré chez beaucoup de malades, est une sensation douloureuse avec tiraillement et tension à la région lombaire (STÜRZ); s'il y a une plaie à un membre, cette espèce de sensation, peu douloureuse à la vérité, est accompagnée d'engourdissement, et occupe la partie lésée du corps. (SAUTER). Tous les observateurs ont senti l'importance de reconnaître la maladie à son début, afin d'étouffer, pour ainsi dire, dans sa naissance un mal si promptement mortel; ils ont, en conséquence, cherché à déterminer les prodromes, et ont indiqué comme tels de fréquens bâillemens, des pandiculations, de la cardialgie, des douleurs dans l'abdomen, aux lombes, à la tête ou dans les membres, de fréquentes syncopes, de la gêne dans les mouvemens, une légère raideur des muscles, le tremblement des extrémités, leur engourdissement, la parole embarrassée, etc., etc. (TRNKA DE

[1] Il n'est arrivé à notre connaissance qu'une seule observation de guérison spontanée; on la doit à M. BOBAN :

«Après la bataille de Wagram, il y avait parmi les nombreux blessés confiés à ses soins, un soldat affecté de tétanos, que l'on plaça, contre son intention et par méprise, sur une voiture, et que l'on conduisit en évacuation à Vienne.

«Le chirurgien-major qui reçut cette évacuation, surchargé de malades, ne put pas donner à ce tétanique, qu'il regardait comme voué à une mort certaine, les soins qu'exigeait son état. Il ne fut pas peu surpris de voir diminuer et même cesser entièrement et spontanément les accidens, sans qu'on eût employé aucun moyen, ni rien fait à quoi il pût attribuer cette guérison.» (BRIOT.)

Krzowitz ). Quoique ces signes soient bien loin d'offrir le degré de certitude qu'on en attend, ils ne sont cependant pas à dédaigner chez tout malade qui se trouve dans les dispositions favorables au développement du tétanos.

L'effet peut suivre de si près la cause, que le mal se déclare au bout de quelques heures par des signes auxquels on ne saurait le méconnaître; alors il n'y a point de prodromes ou au moins ne sont-ils pas appréciables. La maladie débute ordinairement par mettre de la gêne dans l'action des muscles de la nuque, du pharynx et du larynx, de là mouvemens de la tête difficiles et même douloureux, altération de la voix, difficulté dans la déglutition; plus tard ces muscles se contractent sans que la volonté y prenne part, les traits du visage s'altèrent et enfin le système musculaire se trouve en partie ou en totalité dans un état douloureux de contraction plus ou moins soutenue qui ne cesse souvent partiellement que pour donner lieu à de nouveaux accès, lesquels se succèdent avec plus ou moins de rapidité; ces contractions soutenues ont reçu des dénominations qui diffèrent en raison des parties du corps qu'elles occupent (*trismus, pleurosthotonos, emprosthotonos, opisthotonos, tétanos général*), qui sont autant de symptômes de la même maladie). L'état du pouls et celui de la peau n'offrent rien de constant; si la fièvre survient, elle n'observe pas un type régulier; mais il existe constamment un sentiment de constriction très-pénible à la région précordiale et une constipation opiniâtre; avec cela, les fonctions intellectuelles jouissent de toute leur intégrité, si ce n'est dans la dernière période, lorsque, par des secousses réitérées et violentes, les fonctions cérébrales prennent part au trouble général. Parfois il survient différentes phlegmasies muqueuses.

Nous ne pouvons mieux achever la description de cette terrible maladie qu'en reproduisant ici le tableau énergique tracé par ARÉTÉE de Cappadoce.

« Inhumana calamitas, injucundus aspectus, triste in-
« tuenti spectaculum et malum insanabile; ob inversionem
« autem vel ab amicissimis hominibus non agnoscuntur.
« Votum quoque illis qui adsunt prius impium nunc ho-
« nestum efficitur, ægrum vita defungi, quo unà cum vitæ
« doloribus, et acerbis malis liberetur. Quin etiam neque
« medicus præsens atque aspiciens ad vitam aut ad do-
« loris levamen aut ad figuræ emendationem cuique opes
« afferre potest. Nam si membra dirigere velit, viventem
« sane hominem distraxerit discerpseritque. Igitur victis à
« morbo nihil ultra subveniens contristatur duntaxat.
« Hæc vero est medici magna infelicitas. (*De causis et
« signis acutorum morborum*, lib. I, cap. VI, version de
» Crasso.) »

Les recherches d'anatomie pathologique ont fait découvrir dans certains cas chez des sujets morts du tétanos, un épanchement plus ou moins considérable de sérosité dans les enveloppes de la moelle épinière (FERNEL; LIEUTAUD; BELFINGER, MORGAGNY). REISSEISSEN et LOBSTEIN ont rencontré cette espèce d'épanchement sur plusieurs nouveau-nés morts tétaniques. Dans d'autres cas on n'a

trouvé aucune lésion matérielle. D'autres fois, et surtout sur des individus forts, on a rencontré les vaisseaux
des méninges spinales et ceux de la moelle elle-même gor-
gés de sang; ces mêmes membranes enflammées; de la sérosité visqueuse, purulente ou de la lymphe coagulée ré-
pandue entre elles. (DALL'ARMI, ZULATTI, HALL, DICKSON, PA-
TISSIER.) Dans notre troisième observation, on voit des désordres évidens du côté de la moelle épinière; de plus, elle
est la seule que nous connaissions où les ganglions sémi-
lunaires se soient trouvés atteints d'inflammation [1]. On a
encore admis une foule d'autres altérations organiques
comme appartenant au tétanos; tels sont: un épanchement séreux, albumineux, puriforme entre le cerveau et
les membranes, entre ces membranes elles-mêmes dans les
ventricules de ce viscère avec ou sans engorgement des
vaisseaux méningés et encéphaliques (BONTIUS, VALSALVA,
MORGAGNY) un épanchement sanguinolent autour du cervelet (DE HAEN); la diminution de volume du cervelet et de la
moelle allongée, dont la substance ainsi que le départ des
nerfs étaient resserrés et presque contractés (MAYEUX),
un épaississement du nerf radial dans lequel se trouvait
fixé une esquille (HENNEN); une inflammation des surfaces
externe et interne du cœur (HALL, DICKSON); une inflammation des gros vaisseaux (PATISSIER); une phlébite s'é-
tendant presque jusqu'à l'organe central de la circula-
tion (CROFTON et DOBSON); une grande fluidité du sang,
comme cela a lieu dans les animaux tués par la foudre

[1] M. ANDRAL a depuis rencontré un cas analogue.

(Thomas); une constriction du pharynx et de l'œsophage, leurs membranes rouges, enflammées et enduites d'une humeur visqueuse et rougeâtre (Larrey, Waller); une inflammation gangréneuse de l'estomac (Bisset); une inflammation de l'intestin iléon (Dickson) de tout le paquet intestinal (Hull, Mac Arthur); la présence de strongles dans les voies digestives (Laurent, Lombard, Larrey); la tuméfaction et l'inflammation des bords coupés du cordon ombilical chez les nouveau-nés, cette inflammation s'étendant au péritoine le long des vaisseaux ombilicaux avec épanchement d'un liquide jaunâtre dans le tissu cellulaire qui les entoure (Collet); enfin, un rouge très-foncé des muscles affectés de tétanos, leurs fibres étant foncées et les aponévroses crispées au point qu'elles se cassaient en les allongeant, comme si elles eussent été macérées ou à moitié brûlées (Fournier).

La multiplicité et la grande variété de ces désordres prouvent assez qu'ils ne dépendent pas essentiellement de l'affection tétanique; plusieurs d'entre eux se rencontrent dans des maladies très-différentes, et d'autres, comme la piqûre d'un cordon nerveux ou l'inflammation du cordon ombilical, etc., loin d'être le produit de cette maladie, sont autant de lésions qui ont pu agir comme cause prédisposante.

Les phénomènes de la maladie que nous venons d'esquisser et dont nous avons retracé les principales altérations, peuvent être modifiés suivant l'intensité de la cause morbifique, la constitution du sujet et le mode de réaction de l'organisme ; de là le caractère et la forme de la maladie d'après lesquels on peut établir autant d'espèces particulières dont la distinction est très-importante sous le point de vue thérapeutique.

L'observation nous conduit à admettre quatre espèces ou formes de tétanos :

1° Le tétanos foudroyant.

2° Le tétanos sthénique.

3° Le tétanos asthénique.

4° Le tétanos névrosthénique, d'après l'expression de GIANNINI.

On a encore distingué le tétanos *spontané* et le tétanos *traumatique*.

Chacune de ces formes paraît influer sur la durée de la maladie ; le tétanos qui tue le plus rapidement, souvent en moins de vingt-quatre heures, c'est, comme son nom l'indique, le tétanos foudroyant ; puis viennent les tétanos sthénique et nevrosthénique. L'asthénique a une marche plus lente et affecte le plus de tendance à devenir chronique.

Le tétanos peut récidiver de deux manières : dans le cours de la maladie et après son entière cessation ; dans le premier cas, il devient de plus en plus aigu ; dans le second, il peut récidiver à plusieurs reprises, mais il conserve moins d'intensité ; l'un est presque toujours mortel, et la moindre cause prédisposante peut le rappeler ; l'autre met rarement la vie en danger.

Nous trouvons un exemple frappant de la première espèce de récidive dans un cas observé par M. CANIN. Un soldat affecté d'un tétanos qui compliquait une large plaie à la cuisse, était en pleine convalescence. Ce tétanos avait cédé à l'opium dont on avait porté graduellement la dose à un gros par jour. On vole à cet homme son argent; il s'en affecte profondément; le tétanos reparaît, l'opium ne fait plus rien, et ce malheureux meurt trois jours après. Notre observation n° 1 offre un exemple non moins remarquable de la deuxième espèce.

On n'observe pas de crise constante dans le tétanos; le plus souvent l'issue heureuse de cette maladie se fait par l'extinction successive des phénomènes morbides; parfois une sueur abondante coïncide avec la diminution de ces derniers, comme par exemple dans la deuxième espèce; mais d'autres fois, comme cela a lieu dans la première et la quatrième, les sueurs s'établissent dès le commencement sans aucun profit pour le malade. Il n'existe pas non plus de jours critiques, ni d'époque marquée après laquelle la mort n'est plus à craindre; les prédictions du vieillard de Cos à cet égard n'ont point été sanctionnées par l'expérience des siècles postérieurs.

Dans les *Aphorismes* (Lib. V, n° 6), il est dit que le tétanos n'est mortel que jusqu'au quatrième jour; dans le *troisième livre des maladies* (§§ 14 et 15, édit. Vandersinden), le terme fatal est fixé aux troisième, cinquième, septième et quatorzième jour et non au-delà. Dans le traité des *Affections internes* (§ 60) enfin, le danger pour la vie est porté jusqu'au quarantième jour; cette double contradiction ne suffirait-elle pas pour rendre douteuse l'authenti-

cité généralement admise de ces écrits hippocratiques ?
Ce doute augmenterait encore, si, à l'exemple de tous les
auteurs, je rapportais au tétanos le deuxième aphorisme du
cinquième livre, dans lequel le père de la médecine s'exprime ainsi : Ἐπὶ τραύματι σπασμὸς ἐπιγενόμενος, θανάσιμον. Le mot
θανάσιμον doit être pris dans le sens absolu, car la distinction de la léthalité en trois espèces (*absolutè*, *per se*, *per
accidens*) est due aux médecins modernes. Mais les raisons
que je vais alléguer me convainquent que c'est à tort qu'on
a appliqué cet aphorisme à l'affection tétanique. Dans les
cinq premiers aphorismes de ce livre, Hippocrate se sert du
mot σπασμὸς pour désigner la maladie qui en fait l'objet;
arrivé au sixième aphorisme, il parle d'une autre maladie
qu'il appelle τετάνος. Dans les dix-septième, vingtième et
vingt-deuxième aphorismes enfin, il nomme deux maladies
différentes puisqu'il se sert des deux mots σπασμὸς, τετάνος
qu'il place même ensemble; il en est de même des aphorismes cinquante-septième du quatrième livre, et treizième
du septième livre.

Nous n'entrerons pas ici dans l'examen de la foule des
médicamens qui ont été proposés contre le tétanos; leur
variété même prouve leur inefficacité dans le plus grand
nombre des cas. Nous nous contenterons de poser quelques indications basées sur les divisions pratiques que
nous avons établies plus haut. Comme la cause prochaine
du tétanos nous échappe et nous échappera probablement
toujours, nous ne pourrons satisfaire qu'aux indications
générales que présente chaque espèce guérissable.

Dans le tétanos sthénique, on aura tout de suite recours à une saignée abondante; dans l'asthénique, on emploiera les bains excitans et les stimulans à l'extérieur; dans le tétanos que nous appelons névrosthénique, on appliquera des sangsues ou des ventouses scarifiées, s'il y a des congestions locales, et on placera le malade dans un bain tiède que l'on prolongera de plusieurs heures si l'irritation nerveuse est forte. Il est une indication essentielle commune aux trois espèces; c'est de débarrasser les premières voies, quand il existe des signes de gastricité. Lorsque ces premières indications ont été remplies, qu'on a, pour ainsi dire, préparé les voies, on doit se hâter d'arriver à une médication, au moyen de laquelle on puisse imprimer à l'organisme une modification prompte et énergique, et enrayer ainsi la marche des symptômes. Cette médication diffère encore selon les espèces. Dans le tétanos sthénique, nous plaçons de nouveau la saignée, le mercure, les bains et les applications froides; dans l'asthénique, l'opium, les vins forts, les douches d'eau froide, le cautère actuel, les bains d'eau tiède avec la potasse caustique; dans le tétanos névrosthénique, le musc, le camphre, le carbonate de potasse, le vin uni à l'opium, l'emploi simultané ou alternatif de mercure et d'opium et d'autres excitans, enfin les bains tièdes et les affections froides.

Nous trouverons l'application d'une partie de ces considérations thérapeutiques dans les observations qui vont suivre.

Elles nous ont paru également intéressantes sous le rapport de leur étiologie, car, dans toutes les trois, l'influence du froid ne peut être méconnue, puisque les symptômes tétaniques ont suivi immédiatement son action [1].

Le premier de ces faits nous offre de plus un exemple de tétanos avec récidive de la seconde espèce.

Dans le deuxième, nous voyons une image fidèle de ce que nous avons appelé tétanos névrosthénique.

Enfin, le troisième nous offre le cas remarquable d'une inflammation du centre nerveux épigastrique, coïncidant avec une altération dans le canal rachidien.

### PREMIÈRE OBSERVATION.

JOSEPHINE DUSCHMANN, fille âgée de vingt-un ans, de moyenne stature, d'une forte constitution et douée d'un tempérament sanguin, bien réglée, avait toujours joui d'une parfaite santé, lorsque, le 25 décembre 1817, il lui tomba sur la tête un rayon chargé de vaisselle. La violence du coup la renversa et la priva de ses sens pendant deux heures; revenue à elle, elle ressentit une forte céphalalgie. A l'extérieur de la tête, il n'y avait d'autre lésion qu'une écorchure peu considérable occasionée par le peigne qui s'était brisé; cette plaie superficielle fut guérie au bout de

[1] M. le docteur BOECKEL a bien voulu nous communiquer un nouveau fait qui vient à l'appui de notre manière de voir: Un garçon brasseur, tout couvert de sueur, descend à la cave où il se refroidit; immédiatement après, il éprouve du malaise, et ne tarde point à être pris de tous les symptômes du tétanos, auxquels il succombe, malgré les soins éclairés qui lui sont prodigués.

cinq à six jours; mais la malade se plaignait toujours de vertiges, et avait journellement, jusqu'au 14 janvier suivant, une épistaxis plus ou moins forte; alors les douleurs de tête augmentèrent et se fixèrent principalement à l'endroit où la suture sagittale rencontre la coronale, endroit qui était très-sensible au toucher, quoiqu'on ne pût y découvrir aucune lésion. Quinze jours après l'accident, la malade se plaignit de céphalalgie plus intense qu'à l'ordinaire, de douleurs à l'épaule droite, d'un sentiment d'oppression à l'épigastre, de manque d'appétit et de coliques (décoction de tamarin pour boisson; pédiluve sinapisé). Cet état subsista durant trois jours. Il survint alors une congestion très prononcée vers le cerveau avec forte céphalalgie; douleurs à l'épigastre, trismus, pouls plein et dur (forte saignée du bras; toutes les deux heures 2 grains de calomel et 5 grains de carb. de magnésie). Le soir, aux symptômes précédens, s'associèrent des douleurs à la nuque et à la gorge, de la difficulté dans la déglutition (bain tiède, avec une once de potasse caustique; vésicatoires aux mollets; frictions d'un gros d'onguent mercuriel double à la région épigastrique). La malade ne put dormir la nuit.

Le lendemain, les mâchoires étaient si rapprochées, qu'on ne put que très-difficilement introduire quelque chose dans la bouche; mouvemens spasmodiques des membres. Le reste comme la veille (toutes les heures alternativement une poudre de deux grains de calomel avec cinq grains de carbonate de magnésie, et une friction d'un demi-gros d'onguent mercuriel qui se fit chaque fois sur une autre partie du corps; lavement). Le soir, la céphalalgie fut moindre; dans la nuit les mâchoires s'écartèrent un peu; insomnie.

Le troisième jour, au matin, la salivation s'établit. L'écartement des mâchoires était assez considérable; borborygmes; la *douleur à l'épigastre* existait encore; le mal de tête avait disparu (continuation des poudres de calomel et des frictions mercurielles). Il y eut trois selles dans la matinée. A midi, il survint de l'agitation, de légères contractions tétaniques dans les membres; il y avait tendance au délire; le pouls était fréquent et plein, et la chaleur de la peau était augmentée. A une heure le calme se rétablit et amena une transpiration copieuse; les souffrances cessèrent et la malade demanda à manger. Dans l'après-midi elle eut deux selles; le soir il survint de nouvelles sueurs; la salivation devint plus abondante, le visage décoloré, le pouls lent et mou. (L'usage des mercuriaux est discontinué à dix heures du soir; la malade avait pris, dans l'espace de soixante-deux heures, 1 gros et 2 grains de muriate de mercure, avec 2 gros et demi de carbonate de magnésie à l'intérieur; 10 gros et demi d'onguent mercuriel double avaient été consommés en frictions.)

Le quatrième jour la malade resta délivrée du tétanos, et entra en convalescence. Cependant le sentiment douloureux au sinciput persistait; cette malheureuse fille, qui n'avait pu reprendre son embonpoint précédent, fut ensuite sujette à des accès très-fréquens d'épilepsie qui commençaient toujours par une augmentation de cette douleur dont la sensation descendait le long de la colonne épinière pour se porter sur les membres. On lui plaça deux cautères aux bras et on lui fit faire un usage long-temps continué d'assa fœtida et de valériane. Quoique la malade frissonnât dans les plus fortes chaleurs de l'été, elle s'obstinait à avoir les bras nus dès le matin ; aussi fut-elle prise au mois de juin d'un nouvel accès tétanique qui dura six jours et céda au même traitement que la première fois, avec cette différence que cette fois-ci les accidens ayant pris la *forme névrosthénique* (il y avait trismus et fréquens accès d'opisthotonos), les bains alcalins et les embrocations opiacées furent joints à l'emploi des mercuriaux d'après la méthode précédente.

JOSÉPHINE DUSCHMANN ayant porté un fardeau sur la tête et lavé le plancher au mois de septembre par un temps froid et humide, fut atteinte pour la troisième fois de trismus avec douleur à l'articulation de la mâchoire, inflammation de la gorge, céphalalgie et *pression épigastrique ;* le pouls était lent et serré. Au second jour, il survint une forte douleur et une paralysie imparfaite du bras gauche. L'usage de la poudre du Dower, et des fumigations d'herbes aromatiques à la tête et au bras malade, firent disparaître ces accidens au bout de quatre jours ; l'état saburral des premières voies, qui survint ensuite, fut combattu par un purgatif.

Les accès d'épilepsie diminuèrent d'intensité et de fréquence en automne 1818, et disparurent au printemps 1819.

Le dernier accès violent avait été provoqué en octobre
1818, par la vue d'un accès pareil qu'eut une autre malade; le paroxisme surprit la malade dans un corridor, et fut
aussitôt suivi de trismus et de convulsions opisthotoniques
très-douloureuses, avec paralysie du bras gauche et céphalalgie intense. Une saignée du pied, des sangsues aux
tempes, le laudanum pris à l'intérieur et des embrocations
faites le long de la colonne vertébrale et au bras malade
avec un liniment anodin, firent disparaître, au bout de
quatre jours, ces accidens nerveux qui avaient conservé
la forme tétanique.

Cette fille était assez bien portante lorsqu'elle quitta
l'hôpital au mois d'août 1820; elle assurait que la douleur
au sinciput avait diminué de moitié; mais l'endroit qui en
était le siége, était encore très-sensible au toucher. Elle
n'avait pas repris ses premières forces; la colère ou la fatigue lui causait des crampes dans les membres; son estomac était resté très-irritable; elle ressentait presque
toujours à l'épigastre une ardeur qui se changait en oppression lorsqu'elle prenait des alimens. Cet état s'est encore amélioré depuis qu'elle habite le pays de Baden, sa
patrie, où elle exerce l'art des accouchemens.

### DEUXIÈME OBSERVATION.

Rose Adam, âgée de quinze ans, d'une taille élevée et
d'une faible constitution, eut, le 14 mars 1817, la main
droite prise dans une machine à filer du coton, garnie de

crochets. La peau et les muscles d'une portion de la face palmaire de la main et des doigts indicateur, médius et annulaire, étaient dilacérés; les tendons qui s'attachent aux deux premiers de ces doigts et l'os de la première phalange de l'indicateur se trouvaient à découvert. Le lendemain, la malade ressentit de fortes douleurs au membre affecté; la fièvre qui survint nécessita une saignée. Ces symptômes disparurent bientôt. La plaie prenait un bel aspect, lorsque le 1ᵉʳ avril au soir, la malade se plaignit d'une difficulté dans la déglutition et d'une raideur dans l'articulation de la mâchoire, qu'elle disait avoir déjà éprouvées la veille. Il est à remarquer que ce jour-là il faisait un temps froid et humide, et que la malade, dont le lit était placé très-près du fourneau, était allée aux latrines. L'articulation de la mâchoire fut aussitôt couverte d'un cataplasme humecté avec de la teinture d'opium et souvent renouvelé; un grain de muriate de mercure et un demi-grain d'extrait d'opium furent alternativement donnés à l'intérieur toutes les heures.

Le lendemain, il y eut trismus, douleurs au bras malade, tiraillemens dans les muscles du jarret, *oppression de poitrine;* le pouls était petit et serré. La plaie n'offrait point de changement. La malade fut placée dans un bain tiède contenant de la potasse en solution; elle y resta une heure, et eut ensuite une abondante transpiration. Une friction d'un gros d'onguent mercuriel double fut faite sur le bras malade; en outre, les remèdes internes et les cataplasmes de la veille furent continués.

Le troisième jour, la douleur disparut au bras; les mâchoires étaient moins serrées et le pouls plus développé. La même médication fut continuée.

Le quatrième jour, il se manifesta quelques symptômes de narcotisme qui disparurent le jour suivant pour faire place à une abondante salivation. Dès-lors les mercuriaux furent mis de côté, mais l'opium fut encore continué durant douze jours, en augmentant peu à peu la dose de ce médicament, jusqu'à ce que l'amélioration, qui n'arrivait que graduellement, fût bien marquée. Alors les doses d'opium furent graduellement diminuées durant douze autres jours, au bout desquels la malade entra en convalescence; une purgation mit fin à la constipation qu'on avait souvent été dans le cas de combattre par des lavemens laxatifs. Les bains alcalins avaient été continués jusqu'au vingt-deuxième jour de la maladie. La plaie n'avait point cessé de faire des progrès vers la cicatrisation. Peu de temps après la malade sortit de l'hôpital très-bien rétablie.

### TROISIÈME OBSERVATION.

Nicolas Henri, âgé de quarante-six ans, journalier, d'une constitution robuste, sans beaucoup d'embonpoint, vient à l'hôpital, en 1817, pour se faire enlever une tumeur grosse comme deux poings, qui était fixée sur la colonne vertébrale vers le milieu de la région dorsale; elle était mobile dans tous les sens, et n'adhérait fortement qu'à la partie des tégumens qui en recouvrait le centre;

sa consistance était ferme. Après l'ablation, la plaie guérit en peu de temps. À l'examen anatomique, la tumeur offrit une structure en partie stéatomateuse et en partie fibro-cartilagineuse. Le malade s'était opposé à ce qu'on comprît dans l'opération une autre tumeur grosse comme une noix qui se trouvait à deux travers de doigts au-dessus de la première.

Le 26 octobre 1819 (deux ans plus tard), cet homme revint, promettant de se soumettre à tout pour être délivré au plutôt de cette tumeur, qui maintenant lui causait d'autant plus de gêne qu'elle avait acquis le volume d'un gros poing, et que les tégumens qui la recouvraient étaient enflammés et ulcérés. Il jouissait du reste d'une bonne santé; comme il y avait quelques signes de turgescence des premières voies, il fut d'abord purgé.

Le 27 au matin, environ une heure après avoir pris la potion purgative, il se plaignit d'un sentiment de strangulation insupportable. Pensant que c'était l'effet du bandage dont la poitrine était entourée, il sollicita qu'on le relâchât; il n'en résulta qu'un soulagement momentané: alors la douleur fut regardée comme provoquée par la répugnance avec laquelle le malade avait pris la potion purgative. Cependant la strangulation revint le soir, par accès, accompagnée d'une *légère dyspnée.* Forte transpiration dans la journée; huit selles. Il est à remarquer qu'il allait aux latrines, couvert de sueurs, ce qu'il fit aussi dans la nuit du 27 au 28, étant légèrement vêtu.

Le 28 au matin: trismus, raideur des muscles de la

nuque et des parois intérieures de l'abdomen qui est aplati et très-tendu ; pouls plein et accéléré, pressentiment sinistre ; *constriction circulaire* très-forte à la base de la poitrine ; l'ulcération n'offre aucun changement (on continue le pansement avec du cérat simple, forte saignée au bras ; toutes les heures une poudre contenant deux grains de calomel et cinq grains de carbonate de magnésie ; fleurs de sureau infusées pour boisson et en fumigation à la tête). Dans la journée, sueurs fréquentes ; les mâchoires sont moins serrées et se laissent écarter, quoique difficilement, mucosités buccales tenaces et abondantes ; soif intense.

A sept heures du soir : accès réitérés d'opisthotonos ; râle ; sueurs copieuses ; pouls faible, inégal (à 180) ; gémissemens ; désespoir ; le malade ne peut conserver la même position durant quelques minutes ; dyspnée et *constriction épigastrique* presque continuelles. (Suspension du mercure ; six gouttes de teinture d'opium toutes les demi-heures ; lavement.)

A dix heures, le malade ne se plaint plus tant de douleurs, il est moins désespéré, et peut conserver tranquillement la même position ; moiteur de la peau ; pouls à 120, une selle (continuation de la teinture d'opium). Cet état de calme trompeur se soutient jusqu'au lendemain matin à quatre heures et demie ; HENRI demande à être soulevé ; le râle survient, et il expire. Dans l'agonie, qui n'a duré que quelques minutes, les mâchoires s'étaient écartées largement ; on avait essayé en vain de les rapprocher.

On aura pu remarquer que les symptômes prononcés

Chercher à perfectionner le traitement des brûlures, c'est donc intéresser la société tout entière, c'est s'occuper plus particulièrement du bien-être d'une classe d'hommes qui a droit à toute notre sollicitude et qui augmente de jour en jour avec les progrès de l'industrie. Il serait donc du plus grand intérêt de déterminer d'une manière précise la meilleure méthode à suivre dans le traitement de ces plaies. Cette méthode, une fois fixée, on pourrait en faire l'objet d'une instruction populaire que l'autorité se chargerait de répandre.

C'est d'après ces vues que ce travail a été rédigé en 1820 et présenté à la Société académique de médecine de Marseille. Les observations qui en font la base ont été recueillies à l'hôpital civil de Strasbourg, sous les yeux de M. le docteur MARCHAL, chirurgien en chef de cet établissement, auquel je me plais à rendre un témoignage public de ma reconnaissance, pour la confiance qu'il a bien voulu m'accorder, en me mettant à même d'expérimenter différentes méthodes de traitement dans le service de ses salles auquel j'étais alors attaché.

J'exposerai d'abord, en la discutant, la méthode du docteur KENTISCH, ainsi que les modifications que j'ai cru devoir y apporter; je ferai suivre cette exposition d'observations de brûlures, traitées d'après cette méthode et par la méthode ordinaire, et je terminerai par un parallèle entre ces différens traitemens.

## I.

*Méthode de* KENTISCH [1] *dans le traitement des brûlures.*

La brûlure étant l'effet d'un excitant (le calorique), dont l'action sur l'organisme a été très-intense, on doit, par de prompts secours, empêcher que cette forte excitation ne cesse subitement, de faire en sorte que les parties lésées passent successivement sous l'influence d'une stimulation progressivement moins forte. Par une soustraction ainsi graduée de l'*excitement,* on préviendra la destruction qu'entraînerait infailliblement le changement brusque imprimé à l'organisme par l'ustion.

C'est pour obtenir ce résultat que le docteur KENTISCH conseille de faire, aussitôt après l'accident, des lotions chaudes avec l'huile essentielle de térébenthine, ou, à son défaut, avec de l'ammoniaque liquide, de l'éther ou une liqueur spiritueuse quelconque. Les lotions doivent être faites de manière à en empêcher l'action réfrigérante qui résulte de l'évaporation de ces liquides, après quoi on recouvre les parties malades avec des linges enduits d'onguent basilicon rendu plus liquide par l'addition d'huile de térébenthine; à l'intérienr, on administre les excitans les plus puissans, combinés aux narcotiques; c'est ainsi que l'auteur conseille le quinquina, l'éther, les vins forts, à de très-fortes doses.

[1] *An Essay on burns,* etc. London, 1817.

Dans les pansemens consécutifs qui se font toutes les vingt-quatre heures, on remplace l'huile de térébenthine par l'esprit de vin rectifié simple, camphré ou opiacé, et on permet une nourriture analeptique. Cette partie du traitement dure environ soixante-douze heures (on peut l'appeler *période d'excitation*), temps au bout duquel l'inflammation se termine par résolution ou par suppuration. Alors commence la *période asthénique*, où l'auteur ordonne une médication opposée : les lotions stimulantes sont supprimées, l'onguent basilicon est remplacé par des topiques dessiccatifs ; la diète est plus sévère, des boissons délayantes, des minoratifs sont les seuls remèdes internes.

Si la suppuration est abondante, le traitement est encore plus débilitant. On fait alors usage de forts dérivatifs sur la muqueuse intestinale. On saupoudre les surfaces suppurantes avec un mélange de carbonate de chaux et d'amidon, mélange qui, en agissant comme dessiccatif, accélère la cicatrisation. Le docteur Kentisch croit que la chaux contribue directement à la formation de la cicatrice; ce qui n'est rien moins que prouvé, quoique les élémens de celle-ci semblent se réunir sous la forme d'une cristallisation étoilée, que j'ai souvent observée à l'œil nu et examinée à la loupe. On la voit parfois survenir d'un pansement à l'autre sur plusieurs points du centre de l'ulcération. L'auteur proscrit entièrement la saignée, en ayant toujours vu de mauvais effets, même dans les cas où elle semblait le plus indiquée.

Dans les brûlures superficielles, et au premier degré,

il n'emploie l'huile de térébenthine chauffée et le digestif de térébenthine qu'au premier pansement; au second, qui se fait au bout de vingt-quatre heures, il se sert d'un digestif avec de l'huile ordinaire, et le troisième jour, il applique le cérat de pierre calaminaire. Le docteur Kentisch a soin d'avertir que son remède produit souvent une *inflammation secondaire;* en pareil cas, il a recours à une pommade huileuse ou cérat simple, et applique un cataplasme émollient par-dessus; s'il y a malaise général, il fait prendre un anodin.

Tel est l'exposé succinct de la méthode que le médecin anglais suit strictement; il en a obtenu des succès brillans, qu'il rapporte en détail dans son ouvrage; il y a joint des cas non moins heureux, qui appartiennent à d'autres praticiens. Ces témoignages peuvent suffire pour autoriser l'emploi du traitement indiqué; mais pour être convaincu de sa supériorité, le médecin prudent et éclairé attendra de nouvelles preuves décisives. Cette réserve est d'autant plus fondée, que le principe sur lequel le docteur Kentisch s'appuie pour établir son traitement, me paraît manquer de cette justesse, qu'on est en droit d'exiger dans toute science d'observation. Notre auteur veut que le degré de chaleur appliqué soit proportionné à celui qui a produit l'ustion, et mettre ainsi entre la cause morbifique et le moyen curatif le moins de différence possible; il croit qu'alors la chaleur relativement moindre, n'a pas une action excitante, et qu'elle agit comme sédative, en mettant les parties malades dans une température inférieure à celle sous l'influence de laquelle elles se trouvaient lors de la brûlure. Si l'on suivait ainsi une échelle proportionnelle dans tous les cas, le degré de chaleur à employer dans une brûlure faite par le fer incandescent (à 95° du pyromètre de WEDGWOOD = 7459,43° C.), ou par de la fonte entrée en fusion (à 130° W. = 9986,221° C.), serait certes plus fort qu'il ne le faudrait pour effectuer une nouvelle destruction des parties. Il est, en outre, évident que de pareilles vues spéculatives ne peuvent s'accorder avec la connaissance que nous avons des lois qui régissent l'économie vivante. Lorsque la brûlure s'effectue, le calorique porte une action plus ou moins intense sur des parties saines et intactes, au lieu que la chaleur employée comme moyen thérapeutique agit sur des parties enflammées dont les nerfs sont à leurs extrémités phériphériques dépourvues de l'enveloppe protectrice que leur avait fourni la nature dans le double but de les mettre à l'abri de l'impression trop forte des agens extérieurs, et de leur conserver cette sensibilité exquise si essentielle à l'exercice de leurs fonctions ; dans le premier cas, tous les systèmes de l'organisme sont dans un état d'équilibre qui constitue la santé ; dans le second, au contraire, cet équilibre n'existe plus, ou du moins il y a altération morbide de la susceptibilité nerveuse. On ne peut donc proportionner la chaleur qui doit servir de moyen curatif à celle qui a causé le mal, et on ne saurait pas davantage déterminer *à priori* son degré d'efficacité. L'expérience seule peut nous guider : aussi M. KENTISCH aurait plutôt atteint son but, si, au lieu

de se diriger d'après des idées hypothétiques, il avait con-
sulté le précieux recueil des *Mémoires de l'Académie royale
de chirurgie*, monument de gloire élevé à la chirurgie
française; il y aurait trouvé (t. V de l'édition in 4°, p. 821)
un mémoire de FAURE, dans lequel sont rapportées qua-
rante-trois observations constatant l'efficacité de la chaleur
actuelle dans différens cas d'inflammation et d'ulcération
des tégumens, de panaris, d'engorgement inflammatoire
des glandes, des tumeurs squirrheuses avec douleurs lan-
cinantes, etc. Cette chaleur, produite par l'approche d'un
charbon incandescent, était portée du 30° au 40° degré
R., et dirigée sur la partie malade d'une manière soutenue
et réitérée; quant à l'effet immédiat, le chirurgien français
s'exprime ainsi (ouv. c., p. 845): « Dès l'instant après l'exercice de cette chaleur, et quelquefois dans le moment même,
le malade ressent un soulagement marqué, ce qui m'a été
confirmé par nombre de mes malades qui ont ressenti une
espèce de fraîcheur..... ».

Ces observations s'accordent avec celles des médecins
anglais et avec les miennes [1], pour prouver que la chaleur
actuelle, l'huile de térébenthine, ou l'alcool chauffés à environ 50.°, sont très-efficaces dans plusieurs espèces d'inflammations cutanée et sous-cutanée, et qu'elles enlèvent
promptement les douleurs. Il en résulte aussi que lorsqu'on emploie cette médication, loin de proportionner le

---

[1] J'ai souvent employé dans de vieux ulcères calleux l'action
du calorique rayonnant; par là l'application de la méthode de
BAYTON devenait plus sûre.

degré de chaleur à celui qui a produit la lésion, il devra à peu de choses près être toujours le même.

Les brûlures non récentes sont passées sous silence par le docteur KENTISCH; n'en aurait-il point observé, ou croit-il que sa méthode ne leur est pas applicable, ou est-ce enfin parce que la théorie qu'il s'est faite ne s'y adapte pas? Quoi qu'il en soit, c'est une lacune qu'on regrette de trouver dans son ouvrage: aussi est-ce dans l'espoir de hâter la solution de ce problème de thérapeutique que j'ai rapporté des cas (obs. 5, 6, 7 et 8) qui prouvent combien les lotions alcooliques chaudes sont avantageuses, lors même qu'elles ne sont employées que plusieurs jours après l'accident.

La méthode de traitement, telle que le docteur KENTISCH l'a établie, compte à la vérité des succès incontestables; mais il me semble qu'elle pourrait être modifiée avec avantage, en faisant disparaître ces périodes trop tranchées dans lesquelles une médication débilitante succède rapidement à une médication puissamment excitante, cette transition subite ne s'accordant pas avec l'ordre de succession des différens actes morbides. Les applications d'esprit de vin camphré et de teinture d'opium me paraissent devoir être bannies; c'est à l'emploi de ces topiques que j'attribue les inflammations secondaires (*reinflammation*), qui retardent de beaucoup la guérison; ne vaut-il pas mieux se servir simplement d'alcool dont on peut varier le degré de force en raison de l'effet qu'on veut produire? J'exclus les lotions opiacées, parce que je crois que l'opium appliqué sur une

surface dénudée ou enflammée, produit d'abord une excitation locale avant d'agir comme sédatif, et que d'ailleurs
son absorption sur une grande surface pourrait ne pas
être sans danger; on pourrait du reste, si l'emploi de ce
médicament était jugé convenable, l'administrer à l'intérieur ou en frictions sur des surfaces saines. Quant à la
saignée et aux purgatifs, je dois faire remarquer que
l'exclusion de l'une dans la première période et l'emploi
des autres dans la seconde, sont également outrés par le
docteur Kentisch.

Malgré ses inconvéniens que vous venons de faire ressortir, la méthode anglaise possède encore sur les autres
méthodes des avantages réels, surtout lorsqu'elle se trouve
modifiée comme nous l'avons indiqué.

Nous arrivons maintenant aux observations particulières, qui prouveront le succès que nous en avons retiré.

## II.

### *Observations particulières.*

*Observation* 1ʳᵉ. Jean Cros, âgé de vingt et un ans, d'une
taille élevée, d'une constitution peu robuste, ouvrier dans
une raffinerie de sucre, tomba le 24 février, à quatre heures
du soir, dans une chaudière remplie d'eau très-chaude te-
nant du sucre en dissolution; il avait pour vétemens une
chemise, des bas, un pantalon et un gilet. Immédiatement
après l'accident il sauta dans un tonneau plein d'eau de

chaux, très-froide, y resta environ deux minutes, et en sortit sans ressentir la moindre douleur; mais peu de temps après, il survint de fortes souffrances; des applications d'huile froide ne les calmèrent qu'instantanément, et elles ne tardèrent point à revenir avec plus de violence.

Quand je vis cet homme à sept heures du soir, il se trouvait dans l'état suivant: Au côté droit du corps la brûlure intéressait la totalité du membre thoracique, la partie correspondante de la région dorsale et toute l'extrémité inférieure; la partie postérieure de la cuisse, le jarret, la plante des pieds et les orteils exceptés. Les parties qui avaient le moins souffert, étaient les lombes, la face interne de la cuisse et le genou, où il n'y avait que de la rougeur. Les autres parties étaient couvertes de phlyctènes; l'épiderme enlevé au haut du bras. Au côté gauche, la brûlure occupait le membre thoracique jusqu'au milieu de l'avant-bras et le haut de la face interne de la cuisse; ces régions étaient couvertes de phlyctènes et en partie dépourvues de leur épiderme. La région dorsale n'offrait de ce côté qu'une partie de sa surface enflammée. Les douleurs auxquelles le malade était en proie étaient si violentes, qu'elles produisaient des grincemens de dents, et, par intervalles, de légers mouvemens convulsifs. Le pouls était serré et accéléré. On fit de suite chauffer de l'huile de térébenthine, et quand elle eut acquis un tel degré de chaleur que le doigt pouvait à peine l'endurer, toutes les parties atteintes par la brûlure en furent successivement lavées, puis couvertes avec du linge enduit d'onguent basilicon, auquel on avait donné la fluidité du liniment, en y ajoutant une suffisante quantité de cette même huile. Au fur et à mesure que ces applications se faisaient, le malade sentait ses douleurs s'apaiser, et à la fin du pansement il s'en trouva délivré comme par enchantement (30 gouttes de teinture d'opium; eau vineuse pour boisson).

Le 25, un peu de sommeil dans la nuit; douleurs par tout le corps, mais bien moindres que la veille; face rouge, pouls accéléré, soif (le matin, 30 gouttes de teinture d'opium, une potion contenant 1 once de quinquina en décoction et un demi-gros d'éther sulfurique à prendre dans la journée; eau vineuse; bouillon). A quatre heures du soir, le pansement est renouvelé; les phlyctènes sont la plupart affaissées; tout le reste est d'un rouge foncé et très-douloureux, les applications de la veille produisent le même soulagement (30 gouttes de teinture d'opium immédiatement après le pansement). Le soir le pouls est plus accéléré et la soif plus intense.

Le 26. L'agitation est en général moindre; au pansement qui a lieu à la visite du soir, les surfaces dénudées offrent un léger suintement purulent; il n'y a plus de phlyctènes. La rougeur est moins intense; le soulagement accoutumé succède aux applications qui sont les mêmes que les jours précédens, si ce n'est que l'essence de térébenthine est remplacée par de l'esprit de vin rectifié simple, pour le côté gauche, et camphré pour le côté droit (l'opium et le quinquina avec l'éther sont continués à la même dose).

7 *

Le 28. Sommeil dans la nuit; peu de souffrances dans la matinée (point d'opium, décoction de quinquina simple; eau vineuse.) Vers midi il survient des douleurs au bras droit qui paraît tuméfié; langue sèche dans son milieu; pouls à 96. Le soir, au pansement, le bras droit est très-douloureux et de nouveau enflammé. Le reste se trouve en bon état (toutes les surfaces affectées sont lavées avec l'esprit de vin chauffé; l'onguent d'oxide de zinc remplace celui de basilicon). Langue sèche, chaleur, soif intense, pouls à 106. A dix heures du soir, la langue est moins sèche et la chaleur a diminué; le pouls est à 96; il y a somnolence.

Le 1er mars. Dans la matinée, le pouls est à 100; la face animée, les bras et surtout le droit très-douloureux (point de quinquina; eau vineuse). Le soir, après le pansement, qui se fait comme la veille, si ce n'est que l'esprit de vin est étendu de partie égale d'eau; les douleurs cessent; la tuméfaction est moindre; quelques points suppurent un peu. Le pouls est à 104; face moins rouge; un bouillon avec un jaune d'œuf, pris à cinq heures, est rejeté une heure après. Il s'établit une transpiration générale à sept heures; pouls développé, à 100; coliques; un lavement huileux produit deux selles abondantes.

Le 2 mars. Nuit bonne; point de douleur; langue humide; forte diaphorèse; plusieurs selles. Au pansement du matin, qu'il faut renouveler parce que la suppuration augmente en plusieurs endroits, le bras droit n'est plus tuméfié, l'épiderme qui formait les phlyctènes se détache; la rougeur des autres parties disparaît (mêmes topiques; vin, bouillon, pruneaux). Point de changement le soir.

Le 3. Bien-être, appétit, moiteur continuelle de la peau; (les lotions avec l'esprit de vin sont suspendues; simple application d'onguent de zinc aux deux pansemens; soupe, cotelette, vin.)

Le 4. Amélioration générale; le malade se lève (même traitement.)

Le 5. Tout est guéri, à l'exception de quelques endroits sur le dos et sur l'épaule droite qui présentent une ulcération superficielle; on les saupoudre avec un mélange de parties égales de craie et d'amidon; le reste est enduit avec un liniment composé d'huile de lin et d'eau de chaux, parties égales. La quantité des alimens est augmentée. On continue ainsi le tout jusqu'au 8 mars, douzième jour de la maladie, auquel la guérison est achevée. Le malade se frotte encore avec le liniment pour donner plus de souplesse aux parties qui avaient le plus souffert.

Le 13. Il sort de l'hôpital sans difformité et sans éprouver la moindre gêne, très-bien en état de reprendre ses travaux accoutumés.

*Observation 2ᵉ.* De l'huile de lin en ébullition destinée à faire du vernis, s'étant enflammée, jaillit avec force de la chaudière qui le contenait, sur le nommé SALOMON KREZINGER, ouvrier, âgé de soixante ans, de moyenne stature et d'une constitution robuste. La brûlure intéressa tout le visage, les mains ainsi que le dos des pieds. Cet accident arriva le 19 avril, à six heures du matin, dans une fabrique de toile cirée près de Strasbourg. A dix heures, on fomente ces parties avec des linges trempés dans de l'eau-de-vie chauffée; ces applications sont souvent renouvelées et toujours suivies d'un soulagement marqué; lorsque les douleurs reviennent, elles cèdent de suite à une nouvelle lotion spiritueuse faite à chaud. Le 21 au soir, le malade, transporté à l'hôpital, se trouve dans l'état suivant : les cils sont brûlés, l'épiderme est enlevé aux paupières inférieures, à la partie supérieure des joues, au nez et aux lèvres; le reste du visage est d'un rouge foncé et tuméfié; la face dorsale des mains et des pieds est aussi dépourvue d'épiderme; les surfaces dénudées commencent à suppurer; elles offrent une altération profonde du derme; à la face palmaire des mains, l'épiderme, très-épais et raccorni, est soulevé par de la sérosité jaunâtre à laquelle de petites incisions donnent issue; douleurs; pouls plein et accéléré (lotions chaudes avec de l'esprit de vin, pansement avec cérat de Saturne; saignée du bras; eau vineuse). Ce jour, de même que le 22 et le 23, le malade eut beaucoup de fièvre et délirait parfois dans la nuit. La fièvre présentait régulièrement deux accès, l'un à trois heures du matin, l'autre à la même heure de l'après-midi, et débutait par un frisson de plus ou moins de durée. Le même pansement avec les lotions est continué jusqu'au 26; l'inflammation est alors dissipée, mais les endroits où le derme est intéressé suppurent beaucoup; ils sont saupoudrés avec un mélange de carbonate de chaux et d'amidon, parties égales et recouvertes de cérat de Saturne. L'ulcération continuant d'être profonde sur plusieurs points, la poudre dessiccative est remplacée le 2 mai par un liniment composé d'huile de lin et d'eau de chaux, ââ 2 onces et d'oxide blanc de zinc 1 scrupule.

Le 10, le visage et la main gauche sont guéris., le reste n'est complètement cicatrisé que vers la fin du mois, sans cependant laisser de difformité gênante. Je dois faire remarquer que la guérison a été retardée par l'inattention d'un élève qui mit une fois une couche trop épaisse de poudre dessiccative sur les ulcérations. Le malade fut encore retenu à l'hôpital par un staphylôme qui survint à l'œil droit de la manière suivante :

Le 8 mai, la cornée transparente de l'œil droit parut terne et la conjonctive oculaire légèrement enflammée. Peu de jours après, cette dernière membrame offrit beaucoup de flaccidité avec un engorgement plus considérable de ses vaisseaux; la cornée était boursouflée et avait entièrement perdu son éclat; le résultat de cette inflammation (*cornitis*) fut un épanchement de pus entre les lames de la cornée (*onyx*); il en occupait la moitié inférieure. Cet abcès fut ouvert par ponction le 12, ce qui soulagea le malade. Deux jours après, la tunique la plus interne de la cornée sortit sous la forme d'une vésicule, transparente par l'ouverture qu'offrait la petite ulcération (*kératocèle*).

Le 18, on aperçoit de la matière purulente derrière la cornée (*hypopion*); au bout d'une dixaine de jours, le pus qui s'était amassé dans la chambre antérieure disparait; mais alors l'iris se rapproche de la surface postérieure de la cornée jusqu'à faire disparaître l'ouverture pupillaire qui précédemment s'était déja rétrécie; la conjonctive est rouge dans toute son étendue; au devant du globe elle est si tuméfiée qu'elle forme une espèce de bourrelet autour de la cornée qui parait très-déprimée et comme enchâssée dans la conjonctive.

Le 3 juin, l'iris franchit l'ouverture qui se trouve un peu au-dessous du point central de la cornée (*procidence de l'iris*); ce prolapsus iridien cause des douleurs très-intenses et soutenues dont le malade est en peu de jours délivré par l'usage d'un collyre, qui contient d'abord 2, puis 3 grains de pierre divine et d'opium, sur une once de véhicule; la chute de l'iris cesse bientôt de faire des progrès; les vaisseaux de la conjonctive se dégorgent et le blanc de la sclérotique reparaît (le collyre est graduellement renforcé jusqu'à contenir un scrupule de pierre divine et de teinture d'opium sur quatre onces de véhicule). Cette espèce de hernie (*proptosis*) ne cause plus de douleurs et a insensiblement diminué de volume; enfin le malade sort le 22 juin de l'hôpital, n'ayant qu'un léger éraillement de la paupière inférieure et un petit staphylôme (*myocéphalon*) qui ne l'empêche pas de fermer les paupières et qui est recouvert d'une membrane mince de nouvelle formation ; l'iris est collée à la face postérieure de la cornée (*synechia anterior*), la pupille effacée et la vision détruite.

*Observation* 3e. MADELAINE ROSER, âgée de vingt-huit ans, eut la nuque, l'épaule gauche, le bras de ce côté et la partie supérieure des seins brûlés par de la lessive bouillante qui s'était échappée d'un seau qu'elle portait sur la tête. Elle entre à l'hôpital, le 18 mai, cinq heures après l'accident. Dans quelques endroits l'épiderme était enlevé, dans d'autres il existait des phlyctènes, et dans d'autres encore il n'y avait qu'une simple inflammation. Le tout est aussitôt lavé avec l'huile de térébenthine chaude et pansé avec l'onguent basilicon; les douleurs qui existaient auparavant cessent. Le 20, l'inflammation a beaucoup diminué; il s'établit un léger suintement aux surfaces dénuées d'épiderme. La térébenthine est remplacée par de l'esprit de vin. Le 21, le pansement se fait avec de l'esprit de vin chauffé et l'onguent d'oxide de zinc. Le 23, le bras et l'épaule sont guéris (l'esprit de vin est mêlé avec partie égale d'eau); les ulcérations superficielles qui restent guérissent quelques jours plus tard, et le 31, cette fille sort de l'hôpital, très-bien portante.

*Observation* 4ᵉ. Louis GALANT, âgé de dix ans, entre à l'hôpital dans l'après-midi du 8 août, immédiatement après s'être brûlé tout le visage avec de la poudre à canon. Les cils étaient détruits; l'inflammation était forte, mais il n'y avait pas encore formation de phlyctènes; il fut de suite pansé avec de l'esprit de vin chauffé et de l'onguent de basilicon. Les douleurs qui étaient très-vives se dissipèrent bientôt. Le 12, le cérat de Saturne est substitué à l'onguent basilicon. Le 13, les lotions sont supprimées. Le 15, la guérison est complète.

Dans les observations suivantes, les brûlures avaient eu lieu quelques jours avant l'entrée des malades à l'hôpital; nous verrons qu'ici comme dans les brûlures toutes récentes, l'application de la méthode anglaise modifiée a été également suivie de succès.

*Observation* 5ᵉ. CÉCILE GUISE, âgée de quarante-six ans, se verse, le 27 août, de l'eau bouillante sur le bras gauche; le 1ᵉʳ septembre, elle entre à l'hôpital avec une inflammation intense de ce membre; l'épiderme est en grande partie enlevé et le derme d'un rouge très-foncé tirant sur le violet; les douleurs sont très-fortes; mais elles diminuent après le pansement qui se fait avec l'esprit de vin chauffé et le cérat simple. Le 4, il n'y a plus de douleurs, et le 5, l'inflammation a disparu par résolution; le liniment fait avec l'huile de lin et l'eau de chaux est encore employé durant quelques jours, au bout desquels la peau a repris son état naturel.

*Observation* 6ᵉ. CATHERINE REIDENBACHER, âgée de quarante-quatre ans, se brûle, le 1ᵉʳ août, la face et l'épaule gauche avec de la graisse bouillante; elle ne vient à l'hôpital que le 6; il y a forte inflammation et en plusieurs endroits l'épiderme est enlevé. Un traitement pareil à celui du cas précédent la rétablit en douze jours sans difformité.

*Observation* 7ᵉ. ANGÉLIQUE STRUZELHOFFER, âgée de dix-huit ans, entre à l'hôpital le 3 août avec une ulcération et une forte inflammation du pied gauche à la suite d'une brûlure par eau bouillante, arrivée le 29 juillet; l'emploi combiné de lotions chaudes avec l'alcool, de l'onguent de zinc et de la poudre dessiccative amène la guérison au dix-huitième jour.

*Observation* 8ᵉ. MARGUERITE CLEVENEAUX, âgée de dix-sept ans, entre à l'hôpital le 30 juin, avec une ulcération superficielle au pied droit à la suite d'une brûlure occasionée par l'eau bouillante, huit jours auparavant; traitée comme le cas précédent, elle est guérie au bout de huit jours.

J'arrive maintenant aux faits dans lesquels le traitement ordinaire a été mis en usage.

*Observation* 9ᵉ. GEORGE KLEINDLOCHER, garçon tonnelier, âgé de dix-neuf ans, glisse avec la jambe gauche dans une chaudière remplie d'eau-de-vie très-chaude; six jours après l'accident, le 24 septembre 1818, il entre à l'hôpital, présentant une ulcération cutanée qui occupe la face antérieure de la jambe et du pied. Le pansement se fait avec le cérat de Saturne et des fomentations saturnines, d'abord simples et plus tard animées avec de l'alcool. La guérison a lieu au bout de quarante-cinq jours, et le malade sort le 9 novembre.

*Observation* 10ᵉ. MICHEL ROTH, lessiveur à une blanchisserie, âgé de trente-huit ans, d'une constitution robuste, plonge, dans la matinée du 6 octobre 1818, toute l'extrémité inférieure gauche dans de la lessive bouillante. Transporté dans l'après-midi à l'hôpital, il présente une brûlure qui intéresse la totalité de la jambe, depuis l'aîne jusqu'au bout des orteils : des phlyctènes s'élèvent sur quelques parties, d'autres parties sont dénudées d'épiderme, d'autres enfin, et les plus étendues, sont fortement enflammées; le pouls est serré et accéléré; la chaleur du corps augmentée; douleurs intenses (application de cérat de Saturne sur les parties dénudées ; fomentations saturnines à froid souvent renouvelées ; limonade pour boisson).

Le 7, les douleurs sont moindres ; vers le soir il survient de la fièvre ; le pouls est dur et concentré ( saignée du bras ; du reste même traitement ).

Le 8, au matin, la malade est plus calme, il y a somnolence ; les douleurs se sont dissipées à la jambe qui est de couleur violette ; cette couleur s'étend à la cuisse encore douloureuse ; en s'approchant du malade, on sent une odeur particulière semblable à celle que répandent les plaies gangreneuses ( fomentations de vin aromatique animé avec de l'esprit de vin camphré ; décoction de quinquina à l'intérieur ; eau vineuse ).

Le 9, toute l'extrémité reprend une couleur rouge plus vive et la jambe redevient douloureuse. Au bout de quelques jours, la suppuration s'établit sur presque toute la surface intéressée. L'emploi successif de topiques dessiccatifs, stimulans et d'une compression méthodiquement exercée, combiné avec l'usage des toniques à l'intérieur, n'amène une complète cicatrisation qu'au commencement du mois de février 1819. Des citatrices minces et très-sensibles, rendant les mouvemens difficiles, le malade reste encore trois semaines à l'hôpital, et au bout de ce temps, le membre n'égale pas encore en dimension et en force celui du côté opposé.

*Observation* 11ᵉ. Louis Besnard, journalier, âgé de trente ans, jouissant d'une bonne santé, se brûla le membre thoracique droit avec de la lessive bouillante. Quinze jours après l'accident, le 17 août 1816, il entra à l'hôpital : l'épiderme était enlevé dans la totalité du membre, et le derme profondément altéré à la partie supérieure du bras; toute la surface affectée était très-douloureuse (les parties ulcérées sont couvertes de cérat de Saturne; on fait des fomentations chaudes d'eau végéto-minérale sur tout le membre). Au bout de peu de jours les douleurs avaient diminué, mais la suppuration ne tarissait point. Vers le milieu du mois de septembre, les urines devinrent rares, il survint de l'œdème aux jambes, puis aux cuisses et au scrotum; plus tard tous les systèmes prirent part à cet état d'atonie. L'emploi de forts diurétiques et une médication stimulante bien ordonnée firent disparaître l'hydropisie cellulaire, et améliorèrent l'état général du malade; mais la suppuration au bras qui était devenue habituelle continuait, et l'ulcération restait à peu près stationnaire et avait encore beaucoup d'étendue, lorsque le malade quitta volontairement l'hôpital le 2 janvier 1817.

*Observation* 12<sup>e</sup>. JEAN DOCK, âgé de trente-cinq ans, d'une constitution robuste, d'un naturel brutal, était sujet, depuis l'âge de dix-sept ans, à des accès très-fréquens d'épilepsie. A leur approche il devenait si irascible, que la moindre contrariété dans ses désirs le rendait furieux. Le dernier jour de mars il fut trouvé étendu par terre, la tête dans un brasier destiné à chauffer les bains de l'hôpital. Il n'avait été seul que peu de momens; il paraît que dans cet intervalle un accès le surprit, tandis qu'il était à retirer un charbon pour allumer sa pipe, et qu'étant tombé, il conserva cette position jusqu'à ce qu'on vînt à son secours. La brûlure intéressait toute la tête, sans en excepter aucune partie, les épaules, le haut de la poitrine, la nuque et la main gauche; ces parties étaient profondément affectées. Des remèdes antiphlogistiques généraux et des fomentations fréquentes faites à froid avec l'acétate de plomb liquide très-étendu d'eau furent mis en usage. Il y avait céphalalgie continuelle, la fièvre se développa, mais d'une manière peu intense, et au sixième jour la suppuration s'établit. La main, la nuque et la poitrine guérirent vers la fin du mois d'avril. Par suite de la brûlure du cuir chevelu, il s'était formé sur toute la tête une croûte qui peu à peu se ramollit; le 19 juin il s'en détacha une portion au sinciput; le crâne se présenta en cet endroit percé d'outre en outre; par cette ouverture il sortait du pus en assez grande quantité, surtout à chaque élévation du cerveau qu'on observait très-exactement. Dès-lors, les douleurs de tête qui avaient été constantes cessèrent. Le 24, il se forma une seconde ouverture un peu en arrière de la première; elle donna également passage à du pus. Le 30 enfin, la calotte croûteuse se détacha en entier. La totalité des os du crâne était dénudée et quelques points de leur surface noirâtres.

Toutes les escarres étant tombées vers ce temps, on put estimer l'étendue et la profondeur de cette brûlure. Le pavillon de l'oreille gauche était détruit en entier; de l'oreille droite il ne restait que le lobule et une portion de la conque. Les paupières étaient éraillées et en partie dé-

truites, l'œil gauche était totalement désorganisé et rape-
tissé; au nez il n'y avait plus qu'un petit reste du carti-
lage; les lèvres avaient également beaucoup perdu dans
leur contour, surtout vers le côté droit où il s'était établi
un écoulement continuel de salive.

Les fonctions de l'économie s'exerçaient assez bien, l'appétit était bon, mais il y avait insomnie constante, et six
grains d'opium pris à la fois pouvaient à peine produire
un peu de repos.

Vers le milieu de juillet, des lames osseuses se détachè-
rent en plusieurs endroits, surtout au haut de la tête, et
on voyait des bourgeons charnus s'élever sur la dure-mère.
L'œil droit, qui jusqu'à présent n'avait souffert d'autre
atteinte que la destruction partielle des paupières, com-
mença à être affecté; sa cornée s'obscurcit; il s'amassa du
pus entre les lames de celle-ci, et tout l'organe finit par
s'atrophier. Les ulcérations très-étendues ayant résisté à
l'emploi méthodique des moyens appropriés, et les parties
nécrosées du crâne ne se détachant qu'avec une extrême
lenteur, le malade fut placé dans la salle des incurables,
où il se trouve encore (en juin 1820). Le haut de la face
et toute la partie de la tête qui doit être recouverte par le
cuir chevelu n'est qu'une large surface ulcérée, garnie de
bourgeons charnus, fournissant beaucoup de pus et présentant plusieurs portions osseuses frappées de mort. La
tête de ce malheureux offre l'aspect le plus hideux. Dépourvue de cheveux, elle est également privée des parties
saillantes qui caractérisent la physionomie humaine, elles

sont remplacées par des cicatrices difformes ou par des surfaces suppurantes ; enfin il serait impossible de donner par la description une juste idée de l'état déplorable de cet homme. Sa brutalité naturelle lui rend ses souffrances plus difficiles à supporter ; ne pouvant jouir d'aucun repos, il appelle la mort jour et nuit ; les accès d'épilepsie qu'une médication aussi perturbatrice ne put suspendre que pour quelques mois, mettent, par leur retour, le comble à ses maux ; ils sont, à la vérité, moins fréquens et moins violens qu'avant l'ustion. Il est remarquable que cet homme a souvent pris de très-fortes doses d'opium, sans en éprouver d'effet nuisible. La manière dont il est parvenu, comme par instinct, à rendre en quelque sorte son existence supportable n'est pas moins digne d'intérêt. A dix heures du matin, après le pansement, il prend une forte dose d'extrait d'opium en pilules (pendant plusieurs mois elle a été de 24 grains). Environ une heure après, sa tristesse et sa mauvaise humeur se dissipent. A cinq heures du soir, après avoir soupé, le sommeil le prend, et il dort jusqu'à dix heures ; il redevient alors d'une humeur brutale, maudissant tout ce qui l'entoure et ne soupirant qu'après le moment auquel il prend son opium ; en attendant il ne fait que mâcher des feuilles de tabac.

Cette observation, déjà très-longue, prêterait sans doute à des considérations intéressantes sous plus d'un rapport ; mais nous ne pouvons entrer ici dans des détails qui nous éloigneraient trop de notre sujet [1].

[1] La suite de l'histoire de ce malade a été recueillie par M. le

Les observations que je viens de rapporter et dont il
m'eût été facile de grossir le nombre prouvent suffisamment : 1° qu'une brûlure peu étendue peut entraîner à sa
suite de fâcheuses difformités et par là priver l'ouvrier des
moyens de subvenir à son existence; 2° qu'une brûlure, en
apparence peu considérable et bornée à un seul membre,
peut donner lieu à un dérangement dans tous les systèmes
de l'économie capable d'amener la mort; 3° que, si celle-ci
ne survient pas constamment à la suite de brûlures très-
graves, des lésions aussi profondes donnent lieu à des infir-
mités qui réclament, pour le reste d'une triste existence,
des soins assidus et multipliés. Tant de calamités que les
méthodes, employées jusqu'à ce jour, ne peuvent ni pré-
venir ni guérir, justifient pleinement les tentatives qui ont
été faites dans l'espoir d'en découvrir de plus efficaces.


## III.


*Parallèle entre la méthode de KENTISCH et quelques-
unes des méthodes les plus généralement employées.*


Pour bien prouver la supériorité de cette méthode sur
les méthodes ordinaires, il faudrait pouvoir mettre en pa-

docteur RIESTELHUEBER, dans le service duquel il a été placé,
comme incurable (*Journal de la Société des Sciences, etc., du Bas-
Rhin*). Le crâne se trouve au musée de notre faculté, et a été
représenté et décrit par le docteur LOBSTEIN (*Anat. path.*, vol. II,
p. 267, pl. X).

rallèle des cas semblables, traités par des médications différentes ; ces cas devraient être nombreux et offrir une masse de faits qu'on ne peut recueillir que dans les grands hôpitaux. Je me contenterai donc d'appeler sur ce point l'attention des médecins attachés à de pareils établissemens. Ils savent qu'ils sont souvent dans le cas de déplorer l'insuffisance de l'art contre certaines brûlures qui, traitées d'après les anciennes méthodes, donnent lieu à des suppurations intarissables, à de larges ulcérations qui mettent plusieurs mois à se cicatriser, qui laissent après elles de fâcheuses difformités et parfois entraînent le malade au tombeau. Ils pourront donc facilement comparer les résultats que j'offre avec ceux qu'ils ont obtenus. Depuis près de vingt ans que j'emploie les lotions chaudes de térébenthine ou d'alcool d'après la méthode de KENTISCH, *modifiée,* j'ai fréquemment eu l'occasion d'en constater l'efficacité, tandis que précédemment j'avais souvent été à même d'observer l'action lente et incertaine des autres méthodes les plus usitées en France.

Le traitement du docteur KENTISCH, sanctionné par des succès incontestables en Angleterre[1]; m'a surtout frappé par la promptitude relative avec laquelle elle amène la guérison. Il y a plus, les douleurs atroces auxquelles les malades sont en proie dans les brûlures graves disparaissent fréquemment avec une telle vitesse, qu'on serait tenté de croire que les lotions chaudes, faites avec l'esprit de vin,

---

[1] Par MM. BELL, ANDERSON, HAMMICK, PARKINSON, HORNUS, et d'autres.

et surtout avec l'huile de térébenthine dans les cas récens, ont une qualité spécifique en vertu de laquelle elles neutralisent l'impression douloureuse du calorique.

Si ce mode de traitement, tel qu'il est conseillé par le docteur Kentisch, présente des inconvéniens, il est facile, de les faire disparaître, ainsi que le prouvent mes observations; cette méthode deviendra alors propre à être employée dans tous les cas, quels que soient l'étendue et la profondeur de la brûlure, l'âge et la constitution de l'individu. Tous les faits concourent à lui accorder la faculté de délivrer promptement le malade de ses souffrances, de terminer l'inflammation par résolution dans les endroits où cela est encore possible, d'abréger la période de suppuration, de hâter la guérison et enfin d'éviter les difformités autant que le permet l'étendue de la lésion.

Les *réfrigérans* employés dans toute leur force d'après sir James Earle [1] et le professeur Dzondi [2] jouissent, à la vérité, de la propriété d'enlever les douleurs, mais le soulagement n'arrive pas si promptement et dure moins. Ils sont efficaces dans les brûlures légères et de peu d'étendue; encore n'est-ce que lorsqu'on les emploie sur-le-champ. Si, au contraire, la brûlure est profonde, si elle occupe une grande surface du corps, s'il s'est passé plusieurs heures et à plus forte raison plusieurs jours depuis l'accident, on

[1] *Means of lessening the effects of fird upon the human body.* London, 1799.

[2] *Ueber Verbrennungen*, in-8°. Halle, 1816.

ne peut espérer aucun succès de leur application qui ne saurait, dans la plupart des cas, avoir lieu d'une manière générale et assez soutenue. Une des principales contre-indications serait les frissons de plus ou moins de durée qui surviennent souvent dans les brûlures, tandis que le pouls est très-petit, ce qui a été observé par BELL [1] et plusieurs autres médecins. Mon observation 2ᵉ fournit aussi l'exemple d'accès de fièvre précédés de frissons. On conçoit d'ailleurs facilement que lorsque l'action du froid sur une grande surface du corps est prolongée, il ne diminue pas seulement l'excès de caloricité, mais il produit encore des effets sédatifs qui, pour peu qu'ils fussent prolongés, deviendraient très-préjudiciables pour des malades d'une constitution faible.

Les *styptiques* et les *astringens* parmi lesquels les préparations de plomb occupent le premier rang, peuvent, en émoussant la sensibilité des tissus, alléger les souffrances du malade ; mais ils ont le grand inconvénient de retarder et même d'empêcher le travail par lequel la nature répare la destruction opérée par la brûlure.

Les *émolliens* dissipent, à la vérité, la tension inflammatoire et diminuent la grande susceptibilité nerveuse ; mais ils favorisent la disposition qu'ont déjà les parties lésées à se transformer en ulcérations chroniques qui donnent lieu à des suppurations habituelles ; celles-ci, lorsqu'elles se tarissent, laissent presque toujours après

[1] *Médical and Physical Journal*, vol. III, p. 206. *Allgemeine medizinische Annalen des Jahres*, 1801 ; S. 690.

elles des cicatrices, des coutures et même des difformités fâcheuses.

Quant aux *méthodes mixtes* parmi lesquelles on peut compter celle de CLEGHORN, qui consiste dans l'*application du vinaigre*[1], je ferai remarquer seulement qu'elles réunissent souvent les inconvéniens des deux méthodes dont elles sont composées sans en avoir les avantages.

Plusieurs médecins ont employé sur le même malade deux méthodes opposées, afin de constater leur efficacité réciproque; mais de pareilles expériences ne sauraient être décisives, par la raison que les lésions sur lesquelles on a expérimenté, n'étaient point graves, ou si elles l'étaient, on doit avoir, par des médications aussi différentes et employées à la fois, jeté le trouble dans l'organisme et entravé par là tout travail régulier de la part de la nature; ce qui prouve encore qu'on ne peut rien conclure de ces cas, c'est qu'ils ont offert des résultats opposés. C'est ainsi que le docteur ANDERSON raconte qu'une dame ayant eu les deux avant-bras brûlés par de l'eau bouillante, depuis l'extrémité des doigts jusqu'au-dessus des coudes, l'huile de térébenthine fut appliquée à l'un d'eux aussitôt après l'accident, et l'autre fut plongé dans l'eau froide, renouvelée autant de fois qu'elle commençait à s'échauffer; les douleurs du bras, sur lequel l'huile de térébenthine avait été appliquée, cessèrent entièrement au bout d'une demi-heure; l'autre, au contraire, dès qu'on le sortait

---

[1] JOHN HUNTER a inséré dans le II<sup>e</sup> volume des *Medicals Facts and Observations*, les remarques pratiques de ce brasseur écossais.

de l'eau, ne fût-ce qu'un instant, redevenait douloureux; il fut aussi plus long-temps à guérir; ce fait[1] milite, à la vérité, en faveur de la méthode de KENTISCH, mais il est contrebalancé par un autre rapporté par le docteur CUMING[2]. Il s'agit d'une brûlure qui intéressait les deux pieds, dont l'un fut traité par l'huile de térébenthine et l'autre par l'eau froide; ici la méthode de DZONDI amena plus promptement la guérison.

Depuis que ce mémoire est rédigé, d'autres méthodes ont encore été préconisées, mais aucune d'elles ne réunit tous les avantages qu'on espérait en retirer.

Ainsi l'emploi des *chlorures*, préconisé par M. LISFRANC, quoique d'un avantage réel dans les cas où il y a une suppuration abondante et fétide, ne peut être admis comme méthode générale.

L'application du *coton cardé* sur les plaies par brûlure a présenté des inconvéniens nombreux qui ont déterminé la plupart des praticiens à y renoncer, du moins dans beaucoup de cas.

La *compression par des bandelettes agglutinatives*, recommandée par M. VELPEAU, me semble devoir être restreinte aux cas dans lesquels la brûlure est circonscrite, peu étendue et profonde; je l'emploie depuis 1818, dans ces cas particuliers, après la chute des escarres.

---

[1] *Nouveau Traité de Médecine*, par R. THOMAS, traduit de l'anglais par J. H. CLOQUET. Paris, 1818, t. II, p. 598.

[2] CUMINGS *Naval, military and private practitiones;* in-8°. London, 1816.

Enfin, tout récemment, *l'eau de créosote* a été vantée par le docteur Reichenbach, comme très-efficace dans les brûlures; mais l'expérience n'a pas encore prononcé sur la valeur de ce nouvel agent thérapeutique.

FIN.

# CONTENU DU PREMIER FASCICULE.



STRASBOURG, IMPRIMERIE DE G. SILBERMANN.